经济管理学术文库·金融类

金融硕士专业学位
研究生课程教学案例库

A Teaching Case Database of Degree
Courses for Master of Finance

刘　颖　王重润／主编

经济管理出版社
ECONOMY & MANAGEMENT PUBLISHING HOUSE

图书在版编目（CIP）数据

金融硕士专业学位研究生课程教学案例库/刘颖，王重润主编. —北京：经济管理出版社，2018.4
ISBN 978-7-5096-5713-3

Ⅰ.①金…　Ⅱ.①刘…　②王…　Ⅲ.①金融学—研究生—入学考试—自学参考资料
Ⅳ.①F830

中国版本图书馆 CIP 数据核字（2018）第 059438 号

组稿编辑：杨国强
责任编辑：杨国强　张瑞军
责任印制：黄章平
责任校对：张晓燕

出版发行：经济管理出版社
　　　　　（北京市海淀区北蜂窝 8 号中雅大厦 A 座 11 层　100038）
网　　址：www. E-mp. com. cn
电　　话：(010) 51915602
印　　刷：三河市延风印装有限公司
经　　销：新华书店
开　　本：720mm×1000mm/16
印　　张：14
字　　数：238 千字
版　　次：2018 年 6 月第 1 版　2018 年 6 月第 1 次印刷
书　　号：ISBN 978-7-5096-5713-3
定　　价：68.00 元

序　言

近些年来，现代金融发展模式和结构的演变逐渐加速，金融结构市场化、资产证券化、金融机构多元化、金融体系国际化以及互联网大数据技术的渗透与应用，要求金融专业人才不仅要掌握金融理论，还要具有卓越的实践能力。在此背景下，国家新增了金融硕士专业学位并于2011年开始招生。全国金融硕士专业学位研究生教育指导委员会对金融硕士专业学位的专业课程体系设计提出了基本要求，推荐了6门核心课和14门选修课，特别强调要积极采用案例教学、模拟教学和实践教学等灵活多样的教学方式，侧重于加强对学生金融业务实践的认知技能的培养。

案例教学着眼于培养学生对现实事件敏锐的观察力、基础知识的综合运用能力、认清事物本质的分析能力和解决问题的能力，教学过程注重张扬个性、开拓思维、增强自信、鼓励创新。这种教学方法的优势在于能够充分适应金融硕士培养目标的实践性、权变性、复杂性特点，一方面，有利于加强学生理论联系实际，将书本知识转化为现实工作动力的能力；另一方面，有利于激发学生的学习兴趣与热情，培养学生团队精神和合作态度以及探寻真理的科研精神。

当前，金融硕士课程教学案例库建设落后成为制约案例教学的"软肋"。建立案例库能实现教学资源共享，有利于教师之间的沟通和交流，也可丰富教学方式的选择。

本书是河北省2016年专业硕士研究生教学案例库项目和2015年河北经贸大学校级专业硕士研究生教学案例库项目的研究成果。课题负责人为刘颖，课题组成员有王重润、郭江山、武翠芳、李文哲、卢玉志、辛兵海、徐临、李吉栋、闫福、封文丽、李海燕、张超等。

全书由刘颖、王重润负责拟定编写计划、主持编写；刘颖负责总纂和定稿，每位课题组成员撰写了 1~2 个案例。特别感谢研究生李元同学对所有案例的汇总和排版。

案例编写过程中，尽管我们付出了很多努力，但因经验不足肯定存在不妥之处，期待学界同仁和学生们提出宝贵意见。

编 者

2018 年 3 月 7 日

目　录

企业财务的第三次革命"共享服务"
——基于中兴通讯"财务云"的发展

刘　颖

摘　要： 现代互联网和通信技术的快速发展，为财务会计工作方式、流程和组织模式的变革创造了条件，财务共享服务成为继复式记账法、会计电算化之后，财务会计发展史上的第三次革命。中兴通讯公司是国内第一家建立财务共享中心并服务全球的企业。财务共享服务模式不仅成为中兴通讯公司业绩增长的主要助推器，而且彻底改变了传统财务会计在企业管理中的地位，基础性、兼容性、核心力、引领性等作用日益显现。

关键词： 财务；共享服务；中兴通讯

0　引　言

从财务的产生到发展的过程看，财务经历了三次重大革命。财务的第一次革命是卢卡·帕乔利著书《数学大全》，描述了复式记账法，有借必有贷、借贷必相等，第一次产生了真正意义上的现代会计；财务的第二次革命是计算机的发展推动传统手工账务处理变成了计算机处理，实现了会计电算化；财务的第三次革命是互联网与通信技术的快速发展为财务远程操作提供了可能，由此导致财务流程和组织模式发生重大变革，催生了共享服务。欧美一些公司在 20 世纪 80 年代开始实验财务共享服务。2005 年，中兴通讯公司在中国率先尝试财务共享服务。

中兴通讯的前身是深圳市中兴半导体有限公司，于 1985 年成立，1997 年 11

月 18 日在深圳 A 股上市。公司简称中兴通讯，证券代码 000063，行业类别隶属计算机、通信和其他电子设备制造业。

30 多年的时间，从一个小的设备制造组装生产线，到如今境内 A 股市场最大的通信设备制造业上市公司：行业的逐步崛起，坚持自主研发的投入，有效的技术竞争力，以及强大的市场开拓能力……这些或许都是中兴通讯成功蜕变的原因。但是，在中兴通讯迅猛发展的背后，财务管理的力量功不可没。

中兴通讯前后用了十几年的时间，数次转折升级，把自己的财务队伍打造成了一条贯通的信息通道，构建起一张无所不在的信息网。财务不仅是会做账的"先生"，更是参谋，是军师。他们将来自企业方方面面的数据汇集起来，以自己的专业知识将其转化为信息，并用业务语言传播开来，为各个层面的决策提供最好的根基。未来企业的竞争，归根到底是信息的竞争。而中兴通讯的这张财务网，犹如在企业内部构建了一个属于自己的百度搜索引擎，用无所不及的财务触角，支撑着中兴通讯应对全球通信领域日新月异的挑战。

1 正 文

1.1 FSSC 的成长之路

身为中兴通讯的副总裁，陈虎至今还记得他刚加盟中兴通讯财务部门时的情景。荷枪实弹的银行运钞车、飞舞的单据、忙乱的财务人员……

中兴通讯发展初期，因公司规模较小、业务主要集中在国内，财务管理实行传统的分散外派模式，每个大区、分公司、子公司都设立自己的财务部门并独立核算，财务信息按照层级关系定期上报合并。这种模式在当时发挥了较大的作用，但伴随业务范围逐渐国际化，弊端逐渐暴露，主要表现为：组织松散、管理成本高；各自为营，难以保证集团层面的财务核算效率和质量；约束了财务对业务经营管理的指导功能。

显然，这些弊端都是阻碍中兴通讯实施全球化战略的绊脚石。为此，公司在财务管理方面进行了大胆尝试，率先建立起一个全球化的财务共享服务中心，逐渐将财务由事务处理型服务模式转变为价值创造型服务模式。

如图 1 所示，1999~2015 年，中兴通讯的财务共享服务模式从无到有、不断完善。

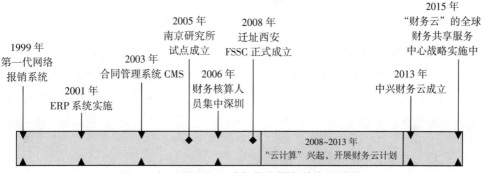

图 1　中兴通讯公司财务共享服务的发展脉络

1999 年开始建设的第一代网络报销系统，是中兴通讯财务信息化的标志，也是共享服务管理的起点。网络报销系统目前已经更新至第三代，主要功能从网络报销、预算和资金管理，发展到票据实物流和影像管理、对账管理、合并报表等。网络操作与传输大大减少了手工劳动的繁杂重复，提高了工作效率，同时错误率的下降也使会计核算质量大幅度提高。

2001 年和 2003 年，中兴通讯以强化总部管理为目标，先后实施 ERP 系统和合同管理系统（CMS），搭建起以 ERP 数据库为基础的财务信息化平台，形成了一个由核算、财务业务、资金管理、决策支持多层级构成的财务信息化系统架构。不仅实现了公司资金的统一调配、管理和资金运作的集中监控，还为公司决策提供了有力的数据支持，大大提升了公司的市场竞争能力。

2005~2008 年，中兴通讯主要致力于财务管理机构改革。首先，将南京研究所作为试点，将其财务核算人员剥离出来成立核算组（FSSC 雏形）并安排到深圳，专门负责处理南京业务，开始尝试财务共享服务；其次，将国内各地分、子公司财务核算人员全部剥离并集中到深圳，负责处理全国各地的财务业务，推广实施共享服务；最后，2008 年该机构又转移到西安，正式建立中兴通讯的财务共享服务中心（FSSC）。

2008~2015 年，在云计算的背景下，中兴通讯的 FSSC 之路又以设计实施"财务云"计划、实现全球财务共享服务为主要目标。期间，财务共享中心在

2011 年更名为"财务云"。

中兴通讯的"财务云"是第一家以中国本土为总部的全球标准规范的财务共享服务中心。整个中心仅有 300 余名员工，能够操控 25 种服务语言，负责处理全球 80 多个国家的核算业务和 100 多个国家的资金管理业务。业务内容既包含基础会计核算、档案及数据处理等传统业务，还拓展了子公司一体化[①]、商旅管理[②] 以及咨询等新型服务。

目前，中兴通讯已将全球呼叫中心、全球人事基础业务与财务共享中心业务合并为"云服务中心"，不只服务自己，更要将这一套成功的系统推广出去，为其他企业提供服务和支持。

1.2 解密 FSSC 财务管理模式

1.2.1 三足鼎立的机构设置

中兴通讯的财务管理模型表现为"三足鼎立"。在组织结构上除财务共享服务中心外，另有业务财务部、战略财务部，形成了在技术中心基础上的"战略决策支持、核算共享服务与业务支持"并存的局面。如图 2 所示。

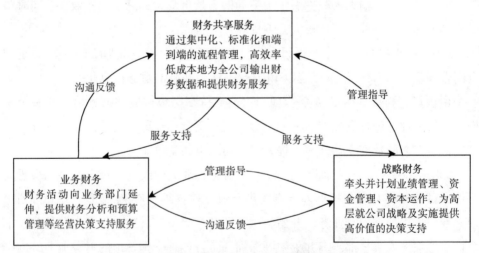

图 2　以共享服务为基础的财务管理模型

---

① 将集团子公司的会计核算业务全部交由 FSSC 中心完成，目的在于加强对控股子公司的全面有效的控制，并为子公司经营决策提供财务管理信息，辅助运营。
② 主要指为员工提供从预订机票、酒店到统一结算的全流程的服务。

（1）战略财务部——负责公司战略决策支持，行使参谋中枢的职能。现在，中兴通讯的战略财务部门有四个研究团队，分别是汇率研究小组、税务研究小组、风险研究小组和成本研究小组。以中兴通讯八大战略之一的成本战略为例，在财务体系建立了成本战略办公室，负责牵头整个公司成本管理的研究、成本政策的发布、成本奖励的发放，以及对全流程成本的管理。成本办公室其实只有几个人，但它会制定公司的成本目标，并分解到价值链的各个环节，通过网状的管理结构，建立起全公司的成本管理网。

（2）业务财务部——负责推进战略决策落实，评价集团成员单位的业务价值。业务财务部的财务人员协助业务单位提升经营管理能力，以合作伙伴的角色提供培训、咨询、决策支持等服务，促进公司战略目标和经营计划的达成。业务财务部人员把自己定位为双面间谍，"业务中的财务专家，财务中的业务专家"，充当的是业务和财务的润滑剂。他们可以把财务信息通过业务语言传递给业务部门，还能把业务部门遇到的困难及时反馈到财务部门，让财务部门理解业务部门现在面临的市场以及经济环境的巨大变化。同时，因为熟悉业务部门的情况，对于财务出台的政策到底可不可行，他们也最具判断力。

（3）共享服务中心——负责提供财务数据支撑。共享服务整合企业分散重复业务，采用会计工厂的运营模式，工作标准化，为业务单位提供足够的后台支撑数据和服务。

财务共享、业务财务、战略财务三大模块之间形成了很好的互动。定期的培训、交流必不可少，信息系统也向他们全面开放，并定期组织互相轮岗交流。

1.2.2　五大系统支撑的财务云体系

如图3所示，中兴通讯的财务云，将影像管理系统、电子档案系统、网络报销系统、财务核算系统（ERP）、资金管理系统五大系统之间相互关联，为全球子公司的核算搭建了统一的信息系统平台，信息传递路径更加集中和清晰。该平台的特点是数据一点录入、信息全程共享，不仅提高了核算流程的效率，而且起到了有效的监督保障作用，财务数据更加准确、更加透明。

1.2.3　五个维度的绩效管理制度

著名学者卡普兰和诺顿（1992，2000）指出："没有好的评价体系，员工就

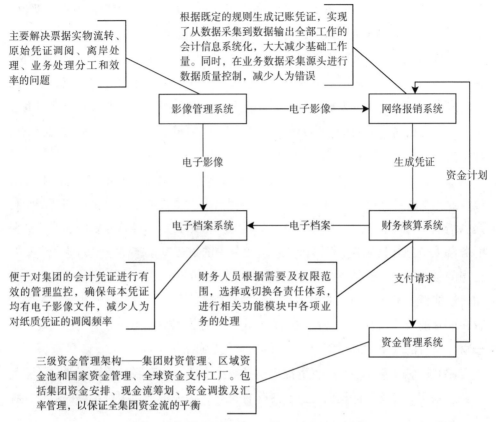

图3 财务共享服务中心五大系统架构及功能

没有积极性创造价值";"业务指标是未来财务绩效的驱动器"。[1]

财务共享服务中心的工作质量和效率是其作用发挥的关键,为激发员工的工作积极性,中兴通讯引入绩效管理体系,在短短几年时间里,财务共享服务中心完成了从简单集中向高绩效共享的质的飞跃。该绩效管理体系涵盖五个维度,即管理标准化、服务水平、质量管理、业务效率、现场管理。

(1)管理标准化。管理标准化是指流程的管理标准化和文档的管理标准化。前者主要考核流程的制定和修订是否及时,同一业务流程执行尺度是否统一以及执行结果是否一致。后者则是考核文档发布是否及时、审批是否适当、更新是否

---

① 张瑞君,陈虎,张永冀. 企业集团财务共享服务的流程再造关键因素研究——基于中兴通讯集团管理实践 [J]. 会计研究,2010(7):63.

及时、格式是否标准以及归档是否规范等。

（2）服务水平。服务水平考核产品管理和产品服务管理两个方面。前者考核侧重于费用报销、账务处理等业务的处理时间和业务产品质量。后者的考核更关注员工的服务意识、服务态度以及沟通技巧等。

（3）质量管理。财务共享服务中心服务质量的考评是评价中心绩效的重点。中心首先运用风险评估方法找出监控点，然后针对监控点进行质量监控。

（4）业务效率。业务处理效率是企业内员工或企业外客户关心的重点。中心判断业务效率水平的高低主要依据对单据积压时间长短的检测，时间越长意味着工作效率越低下。

（5）现场管理。现场管理的好坏直接影响财务共享服务中心员工的办公生活环境，间接影响员工业务效率高低和质量好坏。中心的现场管理主要借助于 5S、看板和考勤等管理手段进行。①

1.3 FSSC，中兴价值因你更大

正如我们之前所说，中兴财务管理模式的探索无疑是成功的，它让我们看到财务人员不止可以是"账房先生"，也可以成为企业价值的守护者和缔造者。以财务共享中心为基础的整个财务体系的打造，为中兴企业规模的全球扩张、成本战略管理的实施以及内部资金的运作和管控，带来了强大的助力。

1.3.1 降低管理成本，企业更具扩大规模实力

从表 1 和图 4 可以看出，在中兴通讯公司成长的进程中，FSSC 的逐渐成熟对管理成本降低起到了明显作用。

表 1 中兴通讯企业规模变化

年份	管理人员数（人）	资产总额（亿元）	管理费用（亿元）
2002	1261	122.17	19.48
2003	1710	157.67	25.73
2004	3300	208.30	38.99

① 5S 管理指整理（Seiri）、整顿（Seiton）、清扫（Seiso）、清洁（Seiketsu）、素养（Shitsuke）五个项目；看板管理指为了达到准时生产方式而控制现场的生产流程；考勤管理则根据员工设置专用模块，包括参数设置、员工参数管理、卡机数据管理、排班管理、月出勤汇总，其可以利用人事管理的人员数据信息进行有效的考勤。

续表

年份	管理人员数（人）	资产总额（亿元）	管理费用（亿元）
2005	3774	217.79	31.37
2006	5435	257.61	12.45
2007	5131	391.73	17.78
2008	6266	508.66	21.00
2009	6865	583.42	25.68
2010	8459	841.52	24.10
2011	8765	1053.68	24.32
2012	6294	1074.46	22.81
2013	6660	1000.79	22.02
2014	6795	1062.14	20.31
2015	6177	1208.94	23.83

资料来源：网络收集以及公司年报数据整理所得。

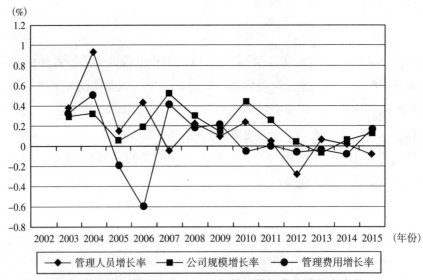

图 4 中兴通讯管理人员、公司规模及管理费用增长率变化
资料来源：根据表 1 数据整理所得。

2002~2004 年，中兴通讯的管理人员和管理费用的增长速度均明显高于公司资产规模的增长速度。而在 2005 年，中兴通讯公司在深圳开始打造 FSSC 雏形时，公司的管理费用增长率首先有一个较大程度的下降，之后几年公司的管理人员和管理费用的增长率基本上都低于资产规模的增长率。[①] 其中原因来自两个方面：第一，FSSC 的成立减少了管理人员数量，而由高工资的深圳迁至工资较低的西安，更节约了大量人员工资成本；第二，FSSC 工作流程简化和工作效率提高，降低了财务业务的处理成本。

1.3.2 做强大后盾，企业成功实施成本领先战略

成本战略、差异化战略和人才战略是中兴通讯的三大核心战略。其中，成本领先战略是由财务体系牵头。而 FSSC 的建立，无疑成为成本战略实施最强大的支撑。

首先，FSSC 搭建起了一个成本管理网络，要求各级部门的成本总监以业务人员而非财务人员的身份，在全公司上下贯彻落实成本管理的思想、举措和文化。

其次，借助于各个部门的有效融合，培育全公司的成本意识。比如，让财务人员通过案例宣讲、授课培训以及举办成本论坛大赛等方式，给业务人员、研发人员等灌输节约成本的思想。

最后，以节约设计成本和客户成本为重点。研究表明，设计理念决定了产品80%的成本。某成本总监用集装箱的容量倒推出最佳装载数量的方法，重新设计手机包装盒最适合的尺寸，每年为公司节省几百万元。而客户成本可以理解为站在客户利益的角度改良设计从而获得客户信任而获得谈判主动权，最终实现了自己公司业务成本的节约。例如，财务人员从电费成本考虑，功放每提高 5%，10年里就可以给客户节约电费达到上千万元。这些信息都通过财务共享中心，做到了财务和业务的深度融合，使控制成本成为可能。

1.3.3 加强内部资金管控，企业更具效率

（1）财务业务处理效率增加。中兴通讯 FSSC 十几年的成长，为公司带来了可观的收益。 2008 年的一组数据表明："第一，公司业务处理成本显著下降，国内财务基础业务处理人员由 87 人减少到 43 人，总成本也由原来的 619 万元减少

---

① 我们注意到，中兴通讯在 2015 年管理人员有所减少，相应的管理费用却有较大增加。这部分管理费用的增加主要是由工资福利及奖金这一项引起的（由 2014 年的 8.20 亿元增加到了 2015 年的 12.31 亿元）。主要考虑有两方面原因：一是 2015 年中兴有 100 名员工离退，其中 75 名享有的退休福利是计入管理费用的；二是中兴 2015 年底分红金额 10.38 亿元，达到了历史最高水平，而由于中兴的股权激励计划，持股股东中有很大一部分是本公司员工，因此也影响了工资福利及奖金的增加。

到 296 万元，共节约 323 万元，每个单据所耗用的成本由每单 15.35 元降为每单 4.34 元。第二，财务运作效率大大提高。业务处理时效从原来需要 6.2 天提高到现在仅需要 3 天即可完成付款到账，效率提高了 50%。标准化程度的提高，也使得基础业务处理能力从以前每天的 1300 单，提高到每天 2000 单的水平，工作效率取得显著提升。"[①]

（2）费用报销更加便捷。FSSC 在费用报销方面实现了票据扫描、网上报销和网上支付一体化工作流程。在该模式下，中兴通讯公司由财务共享中心统一进行费用的报销支付，借用移动办公和远程报销手段，报销申请与审核实现人机结合，报销流程简便，随时随地就能操作。不仅在报销程序上节约了时间和成本，同时资金能够集中控制，加强了集团总部对货币资金的管理与调度，减少了机会成本。而且，信息技术部门已经对该系统下的网上报销和网上支付相关的财务信息进行加密，增强了资金报销的安全性，杜绝了在手工报销模式下模仿字迹骗取企业资金的情况，降低了企业损失的风险。

（3）应收应付顺畅跨境，货币资金高度集中。中兴通讯在发展初期（企业规模不断扩张阶段），由于国内外以及国内不同地区之间存在法律法规的差异，在应收应付账款资金管理上经常遭遇麻烦。FSSC 成立以后，为保障应收应付账户安全性，在加强内部预算控制的基础上，在账户上实行收支分开设置，大部分资金都通过集团财务共享中心统一管理，在系统上实现共享服务。同时，中兴通讯通过对不同地区采用不同的资金管理方式，实现了高度集中的自动化管理。借助财务共享系统，集团总部可以及时发现潜在风险，迅速做出决策。

通过以上分析可以看到，在集团财务共享服务的模式下，由于财务信息的畅通，中兴通讯整体财务运营效率提高，成本领先战略成功实施，内部资金运作管控有效，这些无疑给中兴通讯带来了更大的公司价值，让其在全球化战略的规模扩张中得以更顺畅有力地前行。

1.4 尾声："中兴云"，更大的野心

未来中兴通讯还要整合"中兴云"系统，搭建一个完整的信息系统平台，有

[①] 张瑞君，陈虎，张永冀. 企业集团财务共享服务的流程再造关键因素研究——基于中兴通讯集团管理实践 [J]. 会计研究，2010（7）：63.

一个可伸缩的流程，通过后台财务处理提供解决方案，而不是简单外包。未来"中兴云"将扩展到全球通信业务的方方面面，为企业提供自动化、可视化的服务，就像"贴心管家"。"中兴云"的共享服务在兼具中国特色的同时，将逐渐融合"国家范儿"，进军并占领国际市场。

2 思考题

（1）截至目前，财务的发展历经了三次成功的革命，你认为其背后的推动力有何共性？

（2）公司财务报表分析和财务管理之间是何关系？它与企业经营管理又存在怎样的内在联系？

（3）从财务管理的职能角度看，中兴通讯的财务共享中心的成功之处有哪些？如果你作为一家企业的CFO，能从中得到什么启示？

备注：仅从财务分析课程考虑，其他适用课程教师可设计其他题目。

3 案例使用说明

3.1 教学目标

（1）了解财务分析以及财务管理的基本理论和职能，厘清两者之间的关系。

（2）认识财务分析与财务管理在公司整体发展战略设计与实施过程中的重要作用。

3.2 案例涉及的知识点

3.2.1 财务报表分析的目的

财务报表分析是在梳理、分析公司财务报表中相关数据的基础上，结合其他有关信息，对企业的财务状况、经营成果和现金流量进行综合比较和评价。对于企业外部人士来说，主要是为了把控公司的财务风险，为投资决策提供重要依据；对于企业经营管理者来说，是为了发现问题、解决问题，改善企业经营管理水平。

3.2.2 利润的分类与财务管理

对很多公司而言，利润最大化是其追求的主要目标。而实现该目标最基本的路径是"增收节支"。下面几种利润的不同核算口径逐步揭示了影响利润的主要因素，而每一个影响因素的变动又与相应的公司经营管理的具体行为及其目标和手段直接相关。财务管理在很大程度上是对盈利（亏损）的财务分析结果找到个中缘由，并反馈到相关部门进行整改。财务分析以及财务管理不仅要具有分析总结、反馈沟通的作用，优秀的企业管理者会将其地位提升至引领与指导地位。

利润的几种不同核算口径：

核心利润＝营业收入－营业成本－营业税金及其附加－销售费用－管理费用－财务费用

狭义营业利润＝核心利润＋经营性资产损失＋投资性房地产等经营性资产的公允价值变动损益

利润总额＝营业利润＋营业外收支净额

净利润＝利润总额×（1－所得税税率）

3.3 案例分析思路

（1）从公司财务管理职能的角度，探讨中兴通讯财务管理的成功之处。

（2）从公司战略管理的角度，主要从成本战略管理的原则、目标和优势等方面分析财务共享中心在中兴通讯"扭亏为盈"中所起到的作用（也可以从国际化战略、人才战略等角度分析案例）。

（3）从大数据管理、互联网＋、管理会计的角度可以深入探讨企业财务管理的发展方向。

3.4 背景信息：中兴通讯公司的云产品系列及其服务

3.4.1 产品项目

呼叫云
联络中心资源租赁/呼叫 BPO 服务/BPO 全流程及增值服务

财务云
财务咨询/财务共享服务解决方案

人事云
一站式人力资源服务平台，全面丰富的产品体系，专业化服务流程，专家式服务人才

双创云城
国内首创赋能平台架构和理念，实现企业"互联网＋"转型和创业、创新的模式转变

企业互联
企业一站式服务，通过线上线下资源对接切实解决企业困难，提升企业竞争力

会议云
视频会议/会议服务

IDC
五星级机房 IDC 服务

平台云
云主机/大数据解决方案/开发平台/容灾产品

云终端
定制云终端：行业应用类、移动办公类、企业视频类、企业关怀类

图 5　产品项目

3.4.2 服务优势

弹性配置
根据业务需要，按需选择云主机规格，并可以根据业务变化随时弹性更改配置

及时交付
在用户账户有余额情况下，即申请即交

在线管理
用户可以在门户上，管理、监控和维护自己的云主机

性能卓越
提供顶级的服务器集群配置，低系统损耗，可以提供与物理服务器相媲美的性能

在线支持
提供 7×24 小时的在线技术支持，并可以根据用户申请和用户一起在线解决故障

安全稳定
采用业界稳定的云管理平台架构和虚拟化软件，并经过专业团队的优化和安全加固，稳定可靠

正版软件
提供正版的 Windows、Linux 的操作系统授权

多地部署
提供正版的 Windows、Linux 的操作系统授权，根据业务和预算需要，可以选择在包括北京、深圳、鄂尔多斯、天津等地提供服务

实用实收
根据用户云主机实际使用情况收费

图 6　服务优势

3.5 案例要点

财务分析与财务管理是相互渗透、相辅相成的依存关系。从公司管理角度说，财务分析是基于财务管理的要求展开的，其分析结果首先会影响到公司的财务决策，若能运用得当，进而会表现到公司采购、生产、营销、投融资等诸环节的策略调整当中，甚至会通过人力资源管理、企业文化建设形成公司的特色和优势。由此可见，科学合理、全面及时的财务报表分析行为及其过程，对公司财务管理水平乃至整体管理水平的提升至关重要，其作用能否充分发挥又基于公司管理者是否重视财务分析，是否有可持续发展观、全局观、人本意识和竞争意识。

3.6 建议课堂计划

本案例可以在《财务报表分析》课程中讲授财务报表分析的目的与作用时设计一堂专门的案例讨论课。

课前准备：案例正文在课前提供给学生，提出讨论主题，要求课下完成阅读，并分成若干小组对思考题做出答案。

课中计划：整个案例课的课堂时间	（40~60 分钟）
简要的课堂前言，明确主题	（2~3 分钟）
有关案例相关知识答疑	（5~10 分钟）
明确要求，分组讨论	（10~15 分钟）
小组代表发言	（每人 3~5 分钟）
归纳总结	（5~10 分钟）

本案例也可以根据课堂教学内容的需要选择其中的某个主题开展课堂分析和讨论，课堂时间由授课教师灵活掌握。

关于评定 ZT 路桥工程公司授信的调查报告

李文哲

摘　要：贷前信用调查是银行控制信贷风险的重要环节，调查结论直接决定了贷款项目是否可行，对信贷人员和银行都有重要意义，调查质量则决定了信贷质量，直接影响贷款风险。信用调查的内容包括借款人基本情况、贷款用途、信用历史、偿还能力等，信息来源则包括财务报告、现场调查，其中有很多技巧需要掌握。通过本案例，学生可以了解信用调查的过程、内容，了解信用调查报告编制方法，对提高金融专业硕士学生的实践能力有很大帮助。

关键词：信用调查报告；财务分析；现场调查

0　引　言

贷款业务目前仍然是我国商业银行最主要的资产业务、利润的主要来源，也是银行经营风险的主要来源。因此，如何选择客户，判断客户的未来发展前景、经营风险尤其重要，客户调查也是银行信贷客户经理的主要工作内容。本案例为一个完整的客户调查报告，通过案例学习，学生可以了解授信调查的基本内容、基本方法和技巧，以及调查报告的写作要求，对金融专业硕士学生提高实践能力有很大帮助。

1 正 文

1.1 客户基本情况

ZT 路桥工程有限公司是我市优质的市政工程、房屋建筑企业，目前经营状况良好，销售渠道通畅。2014 年 1 月，我支行客户部组成了以客户部经理王某为组长（主调查人），以赵某某、王某某为成员的调查小组，本着客观、公正、真实的原则，对 ZT 路桥工程有限公司进行综合评价。在工作过程中，我们采用了座谈、实地调查等第一渠道，以及网上查询、电话查询、数据分析、走访相关政府部门等第二渠道，以及向同行业调查咨询等第三渠道调查方法，获得了真实可靠的相关资料。对客户的基本状况、市场情况、经营状况、财务状况、信用状况等进行了评价，对该客户的风险及防范措施进行了分析，对所获得的资料与信息进行了整理、归纳、分析，形成了如下调查报告。

1.1.1 客户概况

ZT 路桥工程有限公司成立于 2010 年 4 月，公司地址为 HS 市开发区长江西路 38 号，注册资本 3200 万元，其中 D 某出资 1632 万元，股权占比 51%；Z 某出资 1568 万元，股权占比 49%；公司法定代表人：D 某。

经营范围：市政公用工程、房屋建筑工程、水利水电工程、机电设备安装工程（不含特种设备）、土石方工程、建筑装修装饰工程、钢结构工程、河湖整治工程施工。营业执照注册号：××××××××××××××××。该公司有省建设厅颁发的《建筑业企业资质证书》，编号 A×××××××××××××××，具有市政公用工程施工总承包三级、房屋建筑工程施工总承包三级资质。该公司现已成立五个建筑专业项目经理部，两个土方运输项目部，两个地基处理项目部。从业平均人数 135 人，有职称人员 27 人，其中中级职称 22 人。该企业有一定的机械设备，塔吊 6 台、吊车 3 台、龙门吊 9 部、旋挖机 3 台、挖掘机 3 台、翻斗车 1 辆、装载机 2 台及大量的模板架子管等，给企业施工带来很大的便利。该企业还有完善的、有保证的供货网络，有专业的市场营销人员开拓市场，企业资信良好，质量优良、技术水平先进，与多家企业签订了合同。

1.1.2 股东情况及组织结构

该公司注册资本 3200 万元，其中：D 某出资 1632 万元，股权占比 51%；货币出资 1632 万元，股权占比 51%。Z 某出资 1568 万元，股权占比 49%；货币出资 1568 万元，股权占比 41%。

1.1.3 管理情况

1.1.3.1 内部组织结构简介

该公司组织机构健全，管理制度完善。在业内推行质量、环境和职业健康安全管理体系，有效地对主要业务流程进行优化，实现了运营管理程序化。股东会为公司最高的权力机构，并设立执行董事一人，其成员由股东会推举产生。公司下设九科：工程科、财务科、设备科、行政科、审计科、劳资科、生产技术科、质量安全科、预决算合约科，管理制度完善。各科室能独立完成自己的任务，并协调一致，公司呈现出和谐、向上的气氛。

1.1.3.2 主要管理人员

（1）法定代表人、执行董事、总经理 D 某，女，1972 年出生，大学本科毕业，2010 年 4 月至今在 ZT 路桥工程有限公司任执行董事，总经理。

（2）股东 Z 某，男，1980 年出生，本科毕业，2010 年 4 月至今在 ZT 路桥工程有限公司任工程师。

（3）财务负责人 L 某，女，2010 年 4 月至今在 ZT 路桥工程有限公司担任财务负责人。无不良信用记录。

1.1.3.3 管理水平评价

该企业领导人均具有良好的职业素质，高度的敬业精神和团队精神，组织协调能力好。经我支行在人民银行个人征信系统查询后，个人信用良好，无不良信用记录。

1.2 客户经营活动分析

1.2.1 总体情况

该公司成立于 2010 年，主要经营市政公用工程、房屋建筑工程、水利水电工程、机电设备安装工程（不含特种设备）、土石方工程、建筑装修装饰工程、钢结构工程、河湖整治工程施工，现注册资本 3200 万元。

该公司坚持以质量为产品生命，服务为产品灵魂，始终坚持"精心施工、以质兴业、以优取胜、用户满意"的质量方针。在产品质量管理上，严要求、高标准；并不断地提升产品技术含量，把握行业技术前沿，改进生产施工设备、技术设计工艺，提高施工人员技术水平；把产品质量标准由优良工程提升到精品工程；产品服务讲求诚信，深化"诚信为荣、失信为耻"教育，全面加强企业诚信建设，切实加强施工合同的承诺，取信业主；全面实施为客户"构筑百年精品"的经营理念，落实质量创优奖励政策，激发员工的进取意识，提高创优热情，不断提高建筑工程质量与安全生产文明施工水平，多出精品工程，多创优质品牌，树立 ZT 路桥公司品牌，赢得市场。

随着社会经济的发展，全民能源意识和环保意识的增强，节能降耗、绿色环保成为全社会关注的焦点。大力开展建筑节能环保工程将是公司未来发展的一大重点。严格执行国家建筑节能强制性标准，积极推广节能建筑，从改进固有施工技术、更新施工设备做起，扎实推行"绿色施工"，切实做到降低资源消耗，杜绝资源浪费。

公司还实施人才引进工程，更多地引进知识型和专业型人才，面向高等院校以及同行业，有针对性地引进一些技能好、业务全面的生产、经营及管理等方面的专业人才，调整人员专业结构，为公司的未来发展打下基础。

1.2.2　生产销售情况

（1）主要产品：具备市政公用工程施工总承包三级、房屋建筑工程总承包三级资质，承包房屋建筑施工工程、地基与基础工程、土石方工程。

（2）原材料情况：ZT 路桥工程有限公司的供货企业主要包括：河北 HH 水泥有限公司、衡水 SL 商砼有限公司、河北 DT 贸易有限公司等原材料供应单位。

（3）生产情况：该公司先后承担建设了市××路、××桥工程；与 MR 房地产开发有限公司签订某道路工程及某小区的路面工程。

（4）销售情况：ZT 路桥工程有限公司的销货企业主要包括 MR 房地产开发有限公司、GC 县医院、HS 城市建设集团有限公司。

经过几年的运营，ZT 路桥工程有限公司现在已逐步发展成为具有一定经济实力和核心竞争力的市政公用工程、房屋建筑工程企业。

1.2.3　开发能力

近年来，随着该公司承揽施工建设项目越来越多，盈利能力有了大幅度的提升，该公司加大了购置新型机械设备的力度，新近购置了挖掘机、旋挖机、塔吊、混凝土泵车等十余台机械设备，并集中保养和整修了原有的施工机械，为进一步提高施工能力、提升核心竞争力奠定了坚实的基础。

该公司在用人方面以人为本，完全打破大锅饭平均主义的分配办法，讲求"多劳多得，优秀晋职"的工资分配办法，充分调动了公司员工的工作积极性和创造性，坚持"能者上，庸者下，定岗定职定责"的用人管理体制，最大限度地做到事事有人管、交办即回复的高效率的工作体制。公司还积极为员工创造机会"充电"，经常到外地施工建设企业参观考察，以学习和吸收其他公司先进的管理理念及管理方法。

1.2.4　行业情况

随着经济发展和城市化进程加快，各级政府不断加大对市政公用事业基础设施建设的投入，市政公用管道建设不断加快；据有关部门预计，未来10年内将有1.6亿左右的增新城市人口，其所带来的住宅、交通、公用建筑等基础设施的需求无比巨大，也意味着该行业发展前景广阔。

（1）发展趋势。新技术革命成果向建筑领域的全方位、多层次渗透，是技术运动的现代特征，是建筑高技术化发展的基本形式。这种渗透推动着建筑技术体系内涵与外延的迅速拓展，出现了结构精密化、功能多元化、布局集约化、驱动电力化、操作机械化、控制智能化、运转长寿化的高新技术化发展趋势。建材技术向高技术指标、构件化、多功能建筑材料方向发展。在这种发展趋势中，工业建筑的施工技术随之向着高科技方向发展，利用更加先进的施工技术，使整个施工过程合理化、高效化是工业建筑施工的核心理念。

（2）宜居生态化发展趋势。宜居生态化促使建材技术向着开发高质量、低消耗、长寿命、高性能、生产与废弃后的降解过程对环境影响最小的建筑材料方向发展；要求建筑设计目标、设计过程以及建筑工程的未来运行，都必须考虑对生态环境的消极影响，尽量选用低污染、耗能少的建筑材料与技术设备，提高建筑物的使用寿命，力求使建筑物与周围生态环境和谐一致。在这样的趋势中，建筑的灵活性将成为工业建筑施工技术首先要考虑的问题，在使用高科技材料的同时也要有助于周围生态的和谐发展。另外，在建筑使用价值结束后，建筑的本身对周围环境的影响也要在建筑施工的考虑之中。

（3）工业化发展趋势。工业化是现代建筑业的发展方向。它力图把互换性和流水线引入到建筑工程中，以标准化、工厂化的成套技术改造建筑业的传统生产方式。从建筑构件到外部脚手架等都可以由工业生产完成，标准化的实施带来建筑的高效率，为今后的工业建筑施工技术的统一化提供了可能。

（4）核心竞争能力。该公司虽然成立较晚，但承揽工程较多，打造和磨炼了一支能征善战的队伍，管理人员统筹调度经验丰富，技术人员现场控制缜密细致，施工人员技术水平熟练扎实，奠定了公司发展的人力资源基础；该公司成立以来，承揽施工项目较多，在我市建筑领域有着较好的企业形象和公司美誉度。该公司在发展的过程中，积累了一批诸如建设业主、供应商等优秀的诚实信用的合作企业，在建设施工过程中能够形成合力，对于调度和盘活资金、降低成本、保证施工质量以及加快施工进度具有不可忽视的作用。

此外，为实现我市城镇面貌"每年一大步、三年大变样"的总体目标，HS市委、市政府决定自2008年开始，按照城镇建设高规划、高标准、高效能管理的要求，在全市范围内深入开展城镇面貌三年大变样活动和中心城区实现湖河一体的滨湖生态宜居城的发展目标。ZT路桥工程公司迎来了前所未有的机遇与挑战。

1.2.5 重大事项揭示（或其他需说明的情况）

无。

1.3 客户财务分析

表 1 前三年现金流量和近期现金流量分析

单位：万元

年份	2011	2012	2013	合计
经营活动	53	324	2526	2903
投资活动	−237	−90	−2288	−2615
筹资活动	1992	637	−142	2487
现金净流量	1808	871	96	2769

该公司在各项活动中的现金流量表现较好，在正常的经营活动中，有较高的收益率，该公司的借款、还款来源有较高保证。

表2 客户主要财务状况

单位：万元，%

项目		2011 年	2012 年	2013 年	平均增长率
主要财务数据	总资产	4349	10336	14559	82.97
	总负债	1157	3500	3824	81.80
	所有者权益	3192	6836	10735	83.39
	销售收入	8153	11659	23108	68.35
	净利润	1692	1944	3899	51.80
	经营活动产生的现金净流量	53	324	2526	590.36
偿债能力	资产负债率	26.60	33.86	26.27	−0.62
	流动比率	358.17	288.74	317.21	−5.89
	速动比率	249.09	178.34	174.69	−16.26
	经营现金流动负债率	4.58	9.26	66.06	279.78
	利息保障倍数	5.89	4.21	17.66	73.16
盈利能力	总资产报酬率	81.43	28.43	33.27	−36.08
	销售利润率	21.61	17.30	17.30	−10.53
营运能力	存货周转率	931.84	347.95	380.44	−36.10
	应收账款周转率	1518.25	502.76	622.69	−35.96
经营发展能力	销售收入增长率		43	98.20	
	净利润增长率		14.89	100.57	
	净资产增长率		114.16	57.04	

表3 客户近三年主要报表数据

单位：万元

	2011 年	2012 年	2013 年
总资产	4349	10336	14559
固定资产净值	205	231	978
在建工程			
无形和递延资产			1451
流动资产	4144	10105	12130
货币资金	1808	2679	2775
应收票据			
应收账款净值	1074	3563	3859

续表

	2011 年	2012 年	2013 年
存货	1262	3863	5450
其他应收款			46
长期投资			
流动负债	1157	3500	3824
短期借款	500	1700	1700
应付账款	616	1761	1939
其他应付款	42	40	185
实收资本	1500	3200	3200
资本公积			
盈余公积			
未分配利润	1692	3636	7535
销售收入	8153	11659	23108
销售成本	5880	8918	17717
销售毛利	2273	2741	5391
利润总额	1762	2017	3998
净利润	1692	1944	3899

2013 年 12 月的财务指标分析（最近一期）。

1.3.1 资产类

截至 2013 年 12 月底，公司总资产 14559 万元，其中：流动资产 12130 万元，固定资产 978 万元，无形资产 1451 万元，负债合计 3824 万元，所有者权益 10735 万元。

货币资金：2775 万元。其中：现金 40 万元，银行存款 2735 万元。

应收账款：3859 万元，应收 HS 城市建设集团有限公司 2580 万元，DY 房地产公司 1279 万元。账龄均在半年以内。

其他应收款：46 万元（职工差旅费）。

存货：5450 万元（建筑材料及在建工程）。

固定资产：合计 978 万元，其中原值 1164 万元，累计折旧 186 万元，净值 978 万元，主要是机械设备 718 万元，汽车 252 万元，办公设备 57 万元，房产

136 万元。

无形资产 1451 万元，主要是公司购买的 QL 镇的 240 亩土地，按原值入账。

1.3.2　负债类

截至 2013 年 12 月底，公司总负债 3824 万元，全部为流动负债。

总负债说明及构成：

短期借款：1700 万元，其中：XH 支行 1000 万元，XQ 支行 700 万元。

应付账款：1939 万元，其中：欠 DT 贸易有限公司 915 万元，欠 SL 商砼公司 1024 万元。

未交税金：185 万元，其对利润指标无影响。

1.3.3　权益类

权益总额说明及构成：

实收资本：3200 万元，资本均到位，无抽逃现象发生。

未分配利润：7535 万元，为公司历年累计利润。

1.3.4　销售收入情况

销售收入：23108 万元，均为主营收入，无异常情况。

利润总额：3998 万元，无虚增或隐藏情况。

净利润：3899 万元。

缴纳所得税及税金附加 875 万元。

1.3.5　主要财务比率

表 4　流动性比率

单位：%

指标名称	2011 年	2012 年	2013 年
流动比率	358.17	288.74	317.21
速动比率	249.09	178.34	174.69

该企业流动比率、速动比率较高，是因为甲方多为市县政府，回款比较稳定及时，销售客户多是优质客户，表明该企业直接偿付流动负债的能力强。

表5　杠杆比率

单位：%

指标名称	2011 年	2012 年	2013 年
资产负债比率	26.60	33.86	26.27
负债与所有者权益比率	36.25	51.2	35.62
利息保障倍数（倍）	5.89	4.21	17.66

该公司资产负债率、负债与所有者权益比率在合理值范围内，从长远看其偿债能力较强。

表6　效率比率

单位：%

指标名称	2011 年	2012 年	2013 年
总资产报酬率	81.43	28.43	33.27
存货周转率	931.84	347.95	380.44
应收账款周转率	1518.25	502.76	622.69

该公司效率比率自成立以来数据较高，说明公司运营周转较快，是因为其所承接项目大都是政府项目。

表7　盈利比率

单位：%

指标名称	2011 年	2012 年	2013 年
销售利润率	21.61	17.30	17.30
净利润率	20.75	16.67	16.87

通过分析：该企业各项指标均在行业的正常范围值之内，说明该企业经营稳定，盈利能力比较好，主营业务为公司带来了较大的利润额。

1.4　银企往来及信誉情况

ZT 公司于 2010 年 4 月在我支行 XQ 分理处开立一般账户，账号××××××××，于 2012 年在我支行 HQ 分理处开立一般存款账户，近 2 个月来公司在我支行日均存款余额 170 万元。

1.4.1 在我行的往来情况

该公司 2011~2013 年在我支行办理了大量转款业务，为我支行增加了业务量及汇兑手续费收入。

1.4.2 在其他金融机构的往来情况

无。

1.4.3 贷款卡查阅情况

经银行信贷系统查询，该公司现有短期借款 1700 万元，没有对外提供任何担保，与公司提供的报表相符。

1.4.4 银企关系及信誉评价

该公司自与我行建立信贷关系以来，信用良好，银企合作良好。

1.4.5 客户对外担保情况及或有负债的影响

公司对外没有提供任何担保。

1.5 授信后采取的担保方式

授信后借款拟采取抵押担保方式和保证担保方式，抵押方式拟借款 1000 万元，其余用信拟采用保证担保方式，该公司现已明确的抵押物有：DY 房地产开发有限责任公司土地使用权；保证人：LZ 园林有限公司。

担保资格及代偿能力评价：

1.5.1 拟抵押物情况

DY 房地产开发有限责任公司为 HS 市开发区的两宗土地的使用权提供抵押担保。使用权类型为出让；土地使用人 DY 房地产开发有限责任公司：其一于 2010 年 1 月 26 日取得国有土地使用权；土地证号：H 国用（2010）第×××号，该土地面积为 11784 平方米，用途为工业，土地使用终止日期为 2056 年 1 月 26 日。其二于 2010 年 1 月 26 日取得国有土地使用权；土地证号：H 国用（2010）第×××号，该土地面积为 5157 平方米，用途为工业，土地使用终止日期为 2056 年 1 月 26 日。土地面积合计为：16941 平方米。

该公司所提供的抵押物经调查，变现能力强，符合抵押担保条件，抵押物所有单位符合抵押担保条件、代偿能力强。

1.5.2 拟担保单位情况

拟提供保证担保为 LZ 园林有限公司，公司成立于 2005 年，注册资金 2500

万元，公司注册地址在 HS 市某区某街 001 号 8 幢 7 号门店 1~3 层，法人代表 Z 某。现公司拥有河北省园林二级资质，是一家集园林绿化设计、施工、养护管理和花木销售为一体的综合型园林绿化公司。

公司现有员工 120 余人，有工程师、设计师、园艺师等各种技术人员，园林绿化施工、养护专用设备齐全，并配有电脑设计、绘画、彩色效果图等最先进的技术设备。

截至 2013 年底，公司资产总计 41986 万元，负债总计 14876 万元、所有者权益总计 27110 万元、销售收入 41112 万元、利润总额 9298 万元、净利润 8476 万元，资产负债率 35.43%，销售利润率 22.62%。

1.6 授信理由及还款来源分析

1.6.1 授信理由及合理性分析

该公司申请授信的用途有具体的交易活动，借款将全部用于购买各类建筑原材料或机器设备，由于该公司创建至今是采用滚动式发展模式，故将企业的部分自有资金及每年实现的盈利逐步投入了企业的发展，截至 2013 年底，该公司销售收入 23108 万元，流动资金合理占用 12130 万元，根据客户经营特点按照经营收入测算，2014 年销售收入达到 39977 万元左右（主要依据为公司近三年销售收入平均增长率为 73%），客户流动资金类需求增量为 8855 万元，公司 2014 年自身收入来源为 6000 万元，主要利润收入 4000 万元，其他应收账款、存货等收入 2000 万元。故此客户流动资金类需求增量为 2855 万元。公司现在我支行借款 1700 万元，2014 年实际资金需求量为 4555 万元。结合公司授信总量 14725 万元（公司对外没有提供任何形式担保），2014 年拟为公司授信总量为 4000 万元，期限一年，等级 AAA 级，利率拟上浮 50%。

1.6.2 授信等级及期限

根据客户信用等级基本得分计算表计算及授信控制量测算，建议为该客户评定等级为 AAA 级，授信额度为 4000 万元，授信期限为一年。

1.6.3 还款来源测算及企业的还款保证

该公司第一还款来源来自公司销售收入及现金流量，第二还款来源为担保人收入，其还款来源经分析，我支行认为该公司具有偿还能力，抵押保证人具有担保清偿能力。

1.7 风险分析及防范措施

1.7.1 主要风险

（1）政策法律风险分析。政策法律风险防控是建筑施工企业的一项重要管理活动，随着我国经济活动的日益复杂化和国际化，市场竞争更加激烈，建筑企业面临的法律风险越来越大。由于建筑行业的特殊性，国内建筑施工企业所处法律环境和面临的法律风险较其他企业更为复杂。该公司在此方面主要制定了以下防范措施：①明确董事会的政策法律风险防控职责、监事会的政策法律风险防控职责、高级管理层的政策法律风险防控职责；②建立法律风险防控部门；③制定施工项目的政策法律风险防控计划。

（2）行业风险分析。过去 15 年建筑行业飞速发展，中国的建筑投资在 2008 年达到了 5500 亿欧元，成为世界第二大建筑市场。中国政府为了抵御经济危机，采取了一系列积极经济措施，特别针对国内的基础设施建设。中国比其他新兴经济体更快地从经济危机中恢复。政府会继续加大在基础设施方面的投入，建筑投资再次增长，因此该公司的行业风险较小。

（3）财务风险分析。该企业在财务风险防控上制定了以下措施：①实行会计委派制。财务人员统一管理，统一委派，保证财务信息的真实性。②建立资金结算中心。依托银行网络，对企业内部的所有资金进行合理的调度分配，实现使用效率的最大化，减少不必要的债务。③统一融资。在资金结算中心成功运行的基础上，将企业整体资金实力集中呈现给金融机构，有利于融资谈判，以获得低成本的资金，降低财务费用，获得必要的支持。

（4）经营管理风险分析。该企业在以后的发展中着重加强全面提高安全质量管理。只有搞好安全质量管理，建筑企业才能增强实力、持续发展，并加强其抵御风险的能力。该公司在防范经营管理风险上制定了以下措施：①制定全面、系统、动态的管理制度和岗位说明书制度。其管理制度和岗位说明书制度随着内外环境因素而变化不定期进行调整，使管理制度和岗位说明书始终具有指导作用。②定期对员工进行岗位技能培训。坚持对员工上岗前的培训，以管理制度和岗位说明书为主要培训教材。管理制度和岗位说明书调整后，及时对相关员工进行培训。③实施对员工执行管理制度和岗位说明书制度的检查。开展不定期检查，督促员工提高责任心，确保制度的有效执行。④重视检查结果的整改落实措施。

⑤加强对员工的考核。对员工的工作质量进行考核，提高员工的责任性，保证基础管理工作的正常开展，预防管理失控的风险。⑥制定了适应该企业实际的风险管理目标。

（5）道德风险分析。该公司自成立以来，诚信经营，社会信誉良好，其道德风险较低。

（6）其他风险分析。无。

1.7.2　风险控制方案

我支行根据其行业情况，定期对该公司进行上门贷后检查，重点检查其销售情况，资金回笼情况，要求其回笼资金归行率不低于其销售收入的 10%，认真监督其在我行账户资金的流动性，同时确定借款采用委托支付方式。

1.8　授信后综合收益测算

1.8.1　利息收入

拟对该客户授信 4000 万元后，预计年度收取利息 360 万元。

1.8.2　存款收益

按照资金归行率 10% 以上的要求，该公司在我行月均存款余额为 400 万元。

1.8.3　其他收益

该公司承诺为我行义务宣传相关政策，帮助我行提高社会知名度。

1.9　综合结论

ZT 路桥工程有限公司目前经营状况较好，公司主体资格合法，生产经营正常，财务状况良好，发展前景广阔，具有区域行业主导优势，信用需求合理，不超授信额度理论值，第一还款来源充足，能有效落实担保，企业有良好的发展计划和较强的还款能力，所办理的贷款形成风险的可能性较小。该公司在与金融机构合作以来，信誉良好，按时还本付息，无不良贷款记录。为更好地使企业稳步发展，实现银企双赢。同意拟为该公司评定等级 AAA 级，授信总量 4000 万元，期限一年。

HS 市 AB 银行 TY 支行

调查人：×××

××××年×月×日

2　思考题

（1）从调查报告看，银行对客户的信用调查主要从哪几个方面入手？每一方面调查的目的是什么？

（2）客户贷前调查的方法有哪些？在调查中应该注意哪些问题？

（3）贷款调查中的财务分析和基本面分析的侧重点有何不同？如何发挥财务分析的最大作用？

（4）对客户信用级别的判断根据是什么？授信额度测算依据是什么？

（5）贷款担保的主要方式有哪些？银行对担保的调查有哪些方面？

（6）贷款调查是信贷风险管理的重要手段，在调查过程中是如何体现的？

3　附　录

3.1　授信客户基本情况表

表 8　客户基本情况

单位：万元，%

		2011 年	2012 年	2013 年	2014 年 2 月
财务数据	总资产	4349	10336	14559	15541
	流动资产	4144	10105	12130	13132
	其中：货币资金	1808	2679	2775	659
	应收票据				
	应收账款	1074	3563	3859	5416
	预付账款				
	存货	1262	3863	5450	7008
	其他应收款			46	50

续表

		2011 年	2012 年	2013 年	2014 年 2 月
财务数据	长期投资				
	固定资产	205	231	978	958
	其中：固定资产净值	205	231	978	958
	在建工程				
	无形及递延资产			1451	1451
	总负债	1157	3500	3824	3643
	流动负债	1157	3500	3824	3643
	其中：银行借款	500	1700	1700	1700
	应付及预收账款	616	1761	1939	1808
	其他应付款				
	未交税金	41	39	185	135
	所有者权益	3192	6836	10735	11898
	实收资本	1500	3200	3200	3200
	资本公积		0	0	0
	盈余公积		0	0	0
	未分配利润	1692	3636	7535	8698
	销售收入	8153	11659	23108	6819
	销售成本	5880	8918	17717	5234
	财务费用	9	77	143	25
	利润总额	1762	2017	3998	1193
	净利润	1692	1944	3899	1164
营运指标	资产负债率	26.60	33.86	26.27	23.44
	流动比率	358.17	288.74	317.21	360.47
	速动比率	249.09	178.34	174.69	168.1
	存货周转率	931.84	347.95	380.44	84.03
	应收账款周转率	1518.25	502.76	622.69	147.06
	利息保障倍数（倍）	5.89	4.21	17.66	48.72
	总资产报酬率	81.43	28.43	33.27	8.09

续表

		2011 年	2012 年	2013 年	2014 年 2 月
现金流量	经营现金净流量	53	324	2526	−2091
	筹资现金净流量	1912	637	−142	−25
	投资现金净流量	−237	−90	−2288	0
	现金流量净额	1808	871	96	−2116
评级授信	信用等级		AA	AA	AA
	授信额度		1700	1700	1700
	年内最高贷款额度		1700	1700	1700
	年末贷款余额		1700	1700	1700

2014 年拟授信 4000 万元。

3.2 信用等级评定

表 9 客户信用等级基本得分计算表

	指标	计分标准	比率值或说明	得分
市场竞争力 (G)	经营环境 (5分)	企业得到国家、地方的多方面支持，交通、信息等软硬条件很好，所在行业竞争环境、地区法律环境好得 5 分；虽然得到一定的支持，但条件有限，环境一般得 2 分；经营环境不好不得分	企业得到国家、地方的多方面支持，交通、信息等软硬条件很好，所在行业竞争环境、地区法律环境好	4
	经营设施的先进性 (5分)	采用的技术手段、技术设备、经营装备等很先进，企业的经营设施良好，带给企业较强的竞争优势得 5 分；使企业具有竞争优势得 4 分；经营设施处于中上水平得 3 分；经营设施一般得 2 分；较差不得分	技术设备、经营装备等很先进，企业的经营设施良好	4
	质量管理体系 (5分)	通过 ISO 9000 系列质量管理认证或未参加认证但企业有严格、十分规范的质量管理制度得 5 分；有规范的质量管理制度得 4 分；有较规范的质量管理制度得 3 分；企业质量管理体系不完善得 1 分；没有质量管理体系不得分	有规范的质量管理制度	4
	市场拓展和销售渠道 (5分)	企业市场拓展能力强，拥有很好的销售网络和经营渠道，运作良好得 5 分；市场拓展能力较好，具有较好的经营渠道得 4 分；市场拓展能力一般，销售网络和经营渠道初具规模得 3 分；市场拓展能力较差，销售网络和经营渠道存在一定问题得 1 分；市场拓展能力差，缺乏有效的经营渠道不得分	市场拓展能力较好，具有较好的经营渠道	4
	小计			16

续表

	指标	计分标准	比率值或说明	得分
流动性（L）	流动比率（5分）	5×（比率－不允许值）/（满意值－不允许值）	317.21%	5
	速动比率（5分）	5×（比率－不允许值）/（满意值－不允许值）	174.69%	5
	应收账款周转率（5分）	5×（比率－不允许值）/（满意值－不允许值）	622.69%	5
	利息保障倍数（5分）	5×（比率－不允许值）/（满意值－不允许值）	17.66	5
	小计			20
管理水平（M）	主要管理人员的素质和经验（5分）	企业领导人有丰富的管理经验，管理能力很强，经营历史业绩显著，个人有良好社会声誉得5分；企业领导人管理能力强，有较好的管理经验，得4分；企业领导人管理能力强，有一定的管理经验，得3分；企业领导人管理能力、管理经验一般，但其信誉较好得2分；其余不得分	有丰富的管理经验，管理能力很强，经营历史业绩显著	4
	管理结构的合理性（5分）	客户有合理的班子结构（班子年龄结构合理、文化程度较好，专业水平高、富于开拓创新等），领导班子团结，相对稳定，信息流通顺畅，内部监督制度完善，激励约束制度健全，人力资源配置合理得5分；上述方面较好，但存在某些的不足得4分；上述方面中个别方面存在一定的缺陷得2分；上述各方面存在较大缺陷不得分	领导班子团结，相对稳定，信息流通顺畅，内部监督制度完善，激励约束制度健全	4
	资产报酬率（5分）	5×（比率－不允许值）/（满意值－不允许值）	33.27%	4
	贷款本息按期偿还率（5分）	5×（比率－不允许值）/（满意值－不允许值）		5
	小计			17
偿债能力（N）	资产负债率（10分）	10×（比率－不允许值）/（满意值－不允许值）	26.27%	10
其他（P）	销售收入（5分）	销售收入有稳定的来源，并保持很好的增长势头得5分；收入稳定得3分；销售收入来源不稳定，下降严重不得分	收入稳定	5
	行业的稳定性和前景分析（5分）	行业稳定且前景较好得5分，行业稳定且前景一般或行业不稳定但前景较好得3分，行业变动大且前景差不得分，其他得1分	行业稳定	4

续表

	指标	计分标准	比率值或说明	得分
其他(P)	重大事项分析(5 分)	重大事项对企业有积极的正面影响，基本没有负面影响得 5 分；正面影响较大得 3 分；负面影响比较明显，企业面临很多问题不得分		4
	小计			13
总计				76

注：信用等级评定采用年度财务报表。

表 10 信用等级建议

得分	竞争力得分	流动性得分	管理水平得分	偿债能力得分	其他得分	说明
76	16	20	17	10	13	

建议客户信用等级为：AAA 级。

3.3 信用量分析

3.3.1 资金需求量分析

（1）流动资金类需求增量分析（选用扩大指标估算法或分项详细估算法）。

1）扩大指标估算法测算客户流动资金需求增量（根据客户经营特点，选择销售收入、经营成本或产量之一测算）：

表 11 客户流动资金需求增量

去年销售收入 a = 23108 万元	去年经营成本 a = 万元	去年产量 a = 万吨
去年流动资金合理占用 b = 12130 万元	去年流动资金合理占用 b = 万元	去年流动资金合理占用 b = 万元
销售收入今年预测量 c = 39977 万元	经营成本今年预测量 c = 万元	产量今年预测量 c = 万吨
流动资金需求今年预测增量 d = 8855 万元 $d = b \times \left(\dfrac{c}{a} - 1 \right)$	流动资金需求今年预测增量 d = 万元 $d = b \times \left(\dfrac{c}{a} - 1 \right)$	流动资金需求今年预测增量 d = 万元 $d = b \times \left(\dfrac{c}{a} - 1 \right)$

测算流动资金合理占用 b，可采用资产负债表中流动资产合计一项的金额，并扣除流动资产中：

短期投资、一年内到期长期债权投资、待处理流动资产净损失等不直接参与企业经营周转的流动资金项目。

直接参与经营周转的流动资产项目中不合理资金占用部分，如过量沉淀的货币资金、账龄过长的应收款项、长期积压的存货、其他应收款项目中的不合理部分等。

b 值确定依据如下：

根据客户经营特点按照销售收入测算，客户流动资金类需求增量为①8855万元。

2）分项详细估算法测算流动资金需求增量：

购买钢材、商砼 7000 万元，其他费用 1855 万元。以上合计，客户流动资金类需求增量①8855 万元。

（2）固定资产类资金需求分析。

结合固定资产货款项目评估报告，扣除已到位的资金，客户固定资产类资金需求增量预计为②_____万元。依据如下（评估报告完成机构、时间，评估人员）：

_____。

（3）合理资金需求增量须调节（增/减）③_____万元。说明如下：

_____。

（4）综合以上三点，客户全部资金需求增量 ④_____万元。

④=①+②+③。

3.3.2　资金来源量分析

（1）根据对客户流动负债稳定性的分析，客户流动负债类资金来源增量预计为⑤_____万元。测算依据如下：

⑤中商业负债类资金来源增量预计为_____万元，来自其他银行的流动负债类资金来源增量预计为_____万元，其他资金来源增量预计为_____万元。

（2）根据对客户长期负债的分析，客户长期负债类资金来源增量预计为⑥_____万元。测算依据如下：

根据⑥中客户对其他银行负债情况的分析，客户从其他银行获得的长期负债类资金来源增量预计为_____万元，债券资金来源增量预计为_____万元，其他长期负债类资金来源增量预计为_____万元。

（3）根据对客户预计一年内折旧、摊销等非现金成本及利润、增资情况等的分析，未来一年内客户折旧、摊销等非现金成本及权益类资金来源增量合计⑦4000 万元。具体如下：利润 4000 万元。

（4）其他可转化为资金来源的项目为⑧2000 万元。具体如下：

1）压缩账龄过长的应收款项、长期积压的存货、其他应收款项目中的不合理部分，启用过量沉淀的货币资金，带来的资金来源增量为＿＿＿＿＿万元。

2）收回投资（包括短期投资、一年内到期长期债权投资等），产生的资金来源增量为＿＿＿＿＿万元。

3）处置固定资产、无形资产及其他长期资产，造成的资金来源增量为＿＿＿＿＿万元。

（5）综合以上四点，客户的资金来源合计⑨6000 万元。（⑨＝⑤＋⑥＋⑦＋⑧）

3.3.3　信用需求量分析

客户对银行的资金需求增量为 2855 万元。（④－⑨）

我行目前对客户信贷余额为⑩1700 万元。

客户对我行的信用需求量为 4555 万元。（④－⑨＋⑩）

3.3.4　授信控制量

测算：$Q = Y + 1/3 \times (M \times T - D) \times Z$　$Q = 1700 + 1/3 \times (4.0 \times 1 - 0.36) \times 10735 = 14725$ 万元。

3.3.5　授信总量建议

根据上述信用量需求分析测算，信贷人员（直接评价人）在存量基础上，结合信用需求增量、资金来源增量及测算的授信控制量，并综合考虑客户现金流量及其他必需信息，对客户建议授信总量为：4000 万元。

理由：该客户目前所在行业发展前景较好，近年客户销售收入、净利润、净资金稳定增加，客户各项财务指标较好，只是在经营中由于本行业特色，需保持稳定的库存以保证销售，在今后的经营中应采取措施压缩应收账款，并加快存货的周转速度，根据以上情况，结合客户目前的经营情况，建议对该客户授信量为4000 万元，期限一年。

表 12　授信额度核定情况

单位：万元

信用品种	2011 年	2012 年	2013 年	本年拟核定授信额度
授信核定额度		1700	1700	4000
年末实际占用信用余额				授信分配方案
固定资产贷款				
流动资产贷款		1700	1700	4000
银行承兑汇票				
国际贸易融资				
打包贷款				
其他				

4　案例使用说明

4.1　教学目标

本案例可以用在金融专业硕士的商业银行管理案例课程中，帮助学生了解银行信贷调查的方法和内容，掌握基本的调查技巧。

4.2　案例涉及的知识点

本案例主要涉及以下知识点：商业银行发放贷款的基本流程、商业银行对客户偿还意愿的考察、商业银行对客户偿还能力的考察、企业财务分析的基本知识、客户调查的基本流程、客户调查的技巧、企业信用评级的基本知识、银行担保要求、银行贷款审批的流程、贷款审批的决策等。

4.3　案例分析思路

（1）遵循信用调查的"6C"原则：品德、能力、资本、担保、环境、事业的连续性。从案例中可以发现，信贷调查时反映了这 6 个方面，以及从什么角度去体现这 6 个方面。

（2）财务分析指标的应用。公司财务分析是信用评价的核心，每一类财务指标反映的内容不同，要具体分析。

（3）评分体系。评分体系是信用评价量化的关键，其分值占比体现了不同评分体系的侧重点，一个合理的评分体系是非常重要的。

（4）风险控制。贷款信用评价的目的是风险控制，信用调查是把控风险的第一步；提供合格的担保是风险控制中的第二还款来源；合理的确定贷款金额和期限是风险控制的一项内容。

4.4　背景信息

ZT 路桥工程公司是 AB 银行 HS 市 TY 支行的一个新客户，也是一个重点客户，在贷款决策过程中，需要对 ZT 公司的信用状况、发展前景、担保情况等进行详细了解，并形成调研报告，在审贷会议上审议。本案例在实际调研报告的基础上加工而成。

4.5　案例要点

了解对一家公司进行授信评价的几个方面，以及每个方面的重点内容，应该注意的事项，评价标准；财务分析知识在客户评价中的具体应用；公司信用信息的收集内容和技巧；贷款条件的决定依据。

4.6　建议课堂计划

本案例适用于 1 小时的课堂。

课堂开始时，教师可以引导学生从信贷调查的“6C”因素入手，让学生设计一个调查方案，列出大概需要了解的信息。然后根据案例中调查的几个方面，让学生发现自己对 6C 因素的认识偏差。

在案例进行过程中，可以让学生思考如何才能获得这些准确的信息，课程中所学的信用调查方法应该如何应用。可以让学生进行角色扮演，通过对话与被调查人周旋，获得想要的信息。

财务分析部分，根据 ZT 公司财务数据让学生根据所学财务分析知识，计算该公司财务数据，然后根据银行评分表评分，并得出分析结论。

评分部分，由学生讨论评分表的构成，该银行设计评分表的合理性；每部分要得到的关键信息，分值比例的合理性。掌握信用评分表的相关内容。

案例进行完后讨论，找出贷款信用调查的目的、难点，总结信用调查的主要内容，信用调查报告撰写应注意的问题等。

南北车合并为中国中车概览

封文丽

摘　要：企业间的并购活动使资源配置的效率得到提高，促进了企业的现代化和资本市场的成熟。从世界范围看，数次的并购浪潮使市场经济日新月异。随着中国逐渐向世界开放，中国的企业也必然卷入并购的大潮之中。作为一个典型案例，本案例以中国南车和北车合并为中国中车这一事件为例，阐述和分析南北车合并的模式或类型、动因以及利弊等。

关键词：合并模式；合并动因；合并利弊

0　引　言

2000 年，曾经的中国铁路机车工程总公司分裂成两个独立的公司，分别是中国南车集团以及中国北车集团，随着这十几年的发展，中国南车集团和中国北车集团都壮大成为了世界上数一数二的交通轨道制造商。然而 2014 年不断有消息人士透露南北车即将进行合并重组，事实上自 2014 年以来，先是南车旗下的上市公司南方汇通股票停牌，原因是正进行重大资产重组，而后这两大交通轨道装备制造商以及中国南车集团旗下时代新材公司也均于 2014 年 12 月 27 日公开宣布股票停牌，原因是有未公告的重大事项。由此可见，南北车合并重组势在必行，2014 年 12 月 30 日两大集团双双发布公告称南北车进行合并，并且以换股的方式进行合并，双方合并后成立的新公司即中国中车股份有限公司。

1 正　文

1.1　中国北车、中国南车简介

中国北车股份有限公司成立于 2007 年，其主营业务是一系列车辆轨道设备的制造及修理业务，在中国的交通轨道制造业中处于领先水平并且也在世界交通轨道制造行业中发挥着重要作用。

中国南车股份有限公司作为中国第一大地铁车辆制造企业成立于 2007 年，其主营业务是各类车辆以及其组装部件的制造与修理，并且还包括一些延伸出的相关业务，如信息咨询、进出口业务等。

1.2　南北车合并

本次南北车合并坚持对等的原则，采取换股的方式进行，即南车换股吸收合并北车，换股后，北车的股票均予以注销且南车向北车发行股票，发行的股票分别在上海证券交易所和香港联交所上市流通，南车集团与北车集团正式合并为中国中车，全称为中国中车股份有限公司。

南车及北车的所有资产负债、合同以及业务和人员均由中国中车负责承接。与此同时，中国中车也将注入新的血液，中国中车作为南北车合并后的新公司，将对公司内部的组织结构和治理框架进行更新，并且将采用更为先进的公司管理体系，树立全新的公司理念和公司品牌。

南车吸收北车的换股比例为 1∶1.1。南车集团和北车集团以公告日前 20 个交易日双方的股票交易均价当作参考来公平协商确定该换股比例，该比例的确定也综合考虑了经营业绩、历史股价和市场规模等要素。根据该等参考价并结合前述换股比例，中国南车的 A 股股票换股价格和 H 股股票换股价格分别确定为5.63 元/股和 7.32 港元/股，中国北车的 A 股股票换股价格和 H 股股票换股价格分别确定为 6.19 元/股和 8.05 港元/股。

由南北车合并而成的中国中车总资产规模达到了 3000 亿元以上，这样的一个资产规模巨大的公司彻底改变了世界高铁行业的总格局，提升了我国装备制造业的实力，对我国的高铁出海形成了助力，并且在很大程度上促进了我国装备制造行业整体的转型升级。

1.3　南北车合并的动因

1.3.1　恶意竞价导致国外客户对我国技术水平信任度下降

随着最近几年来高端制造业在我国的迅猛发展，高铁作为轨道交通行业的领军产业在我国成为了高端制造业的新标志，高铁行业的发展也使得我国的南北车两大集团能够走出国门竞标参与国外的铁路项目，然而两家企业是竞争关系，都为了能够中标而进行价格战，这不仅使得企业自身的利润受损，而且也使得我国的国家利益受损，同时也使我国的高铁轨道制造技术引发了国外质疑。以 2011 年的一个土耳其的机车项目为例，在这个项目进行招标时，中国南车和中国北车为了竞标而进行了相互压价的价格战，最后价格压到几乎无利润，但还是由韩国的某个轨道交通公司中标。同样的例子还有 2013 年阿根廷电动车组的采购招标，中国南车与中国北车进行价格战而中国南车给出了过低的价格，与其他公司的报价相差甚大，由此却引发了阿根廷政府对我国轨道制造技术的质疑，即使南车以超低价格中标，但却使得我国的轨道高端制造行业的形象受损。

1.3.2　整合资源，合力对抗国际巨头企业

企业要在竞争激烈的市场中获得生存和成长空间，必然要扩充自己的实力。通过并购，企业一方面可以获得相关企业的客户、营销、技术及优质员工等资源，另一方面也可以减少市场上的竞争对手，相对缓和竞争，获得较大发展空间。

南北车一度竞争激烈，在国内，2010 年中国北车先后进入上海、福建、昆明等中国南车的地区市场。在海外两家也展开激烈竞争，由于南北车互相压价，即使中国北车以接近零利润价格进行 2011 年土耳其机车项目投标，订单最终还是落入一家韩国公司。而合并为中国中车后可以形成技术、管理、资源及市场等多方面的共享，提升研发效率及创新能力，同时避免恶意竞争，进一步推动中国高铁技术和高端装备制造产业走出去，大力提升国际市场竞争力。同样地，中冶集团与五矿集团实施的战略重组，也可以强化双方产业链互补，扩大其国际市场份额。

1.4 南北车合并的"利"

1.4.1 技术因素：核心技术互补，拓宽业务范围

中国的高铁行业与国外相比还是拥有很多优势的，比如交货能力、平台支持以及售后服务等方面。但依然在知名度、竞争力以及人才方面存在劣势，依然需要发展和改善。

中国南车和中国北车两大集团无论是在技术的研发方面还是在装备的制造方面都是世界一流的，并且两大集团也都是国内交通轨道制造行业的领军企业，对国内装备制造业的发展有重要的影响。两家企业所涉及的领域十分广泛，有各自擅长的重点领域。举例来讲，动车组的制造、城轨以及地铁的制造技术即为南车的优势，同时动车组的制造技术也是北车的优势，北车还在牵引和网络控制方面有很大的优势并且在世界上也遥遥领先。由此看，南北车的合并能够优势互补，因此新公司中国中车在轨道制造业的各个方面都有极强的优势。除此之外，南北车的合并更能满足国外客户的需求，使得中国的轨道制造业更具竞争优势、中标概率更大以及业务的范围更加广泛。

1.4.2 价格因素：防止恶意价格战，降低成本，保证收益

南北车两家企业不仅拥有着世界级领先水平的核心制造技术而且在市场规模上的竞争十分激烈，随着近几年我国轨道制造业海外市场的拓展，两家企业的竞争日益激烈尤其是在价格竞争上，日趋激烈的竞争甚至使得竞标价格扭曲，远低于行业中的平均价格，这样的竞争在企业利润受到极大损失的同时也使我国装备制造业的核心技术受到了海外客户的质疑。但南北车合并之后，价格战消失，国内整个行业的核心竞争力得到了提升，同时也提高了企业利润。

1.4.3 战略因素：为配合我国高铁"走出去"战略，实现高端技术输出

国内各界人士都十分重视高铁的发展，不仅因为高铁是我国装备制造行业以及高端技术输出战略的重心，也因为近几年随着南北车两大集团核心技术的不断发展和突破，高铁已经成为我国的高端技术的代表。目前，南北车合并成为一个更具制造实力以及管理水平的新企业中国中车，由此提升了中国高铁在国际上的地位，使中国在装备制造方面受到了更多国家的关注，提升了中国在国际上的话语权。除此之外，合并后高铁技术实力的提升也与我国所实行的高端技术输出战略相匹配，带动了我国其他高新技术产业的发展，加强了产业研发与产业创新，

促进了我国轨道制造业的改善以及转型。

南北车合并在促进我国轨道制造业转型的同时也很大程度上推动了我国高端技术行业的产业发展，使我国由中国制造转变为中国创造不再是一句空洞的口号，而是开始逐步落入实处，提上日程。随着经济全球化以及全球市场一体化进程的加快，增强本国产业的竞争力势在必行，因此南北车合并也符合时代发展的潮流，顺应经济发展的趋势。南北车合并而成的中车公司展现出了更强大的竞争力和竞争优势，一举成为了全球范围内规模最大的轨道设备制造商，这不仅得益于合并之后的规模效应，也得益于更高水平的研发能力和运营效率。因此，合并后的新公司中国中车将展现更强的国际竞争力。

1.5 南北车合并的"弊"

1.5.1 过度同质化导致资源整合困难重重

南车和北车两家公司虽然在经营范围上有所不同，各有各的优势和特点，但是总的来说依然在某些方面存在着主营业务相似甚至重合的情况，也就是两家企业的同质化问题较为严重。例如，整车的制造、车辆零部件的批量生产以及各类控制系统的设计等，这些都同为南车和北车的主要经营范围。在近几年的发展和规模扩张过程中，南车和北车为了争夺市场，疯狂地扩大自身的市场规模，将生产加工基地遍布在全国各地，因而拥有规模庞大的员工群体和产能，这样的规模和产能已经能够满足国内对于各种轨道装备项目的需求，甚至在国际上也是合格的，仅北车一个公司的各种装备器械就已经足够满足甚至远超出国内当前的需求量了，另外加上南车的生产能力，合并之后显然会存在很大的一个弊端，也就是产能过剩，同时也会因为庞大的用工系统而产生过剩的问题。这些问题是两家公司同质化所带来的问题，是合并后新公司需要着重解决的首要问题，这直接关系着合并后的公司是否能拥有规模效应，是否能比合并前发展更快更好。

1.5.2 企业风格各自不同，统一有困难

中国南车和中国北车自从因 2000 年的政企改革浪潮由原中国铁路机车车辆总公司分离开来以来，各自历经了十几年的发展和扩张，一直都是竞争关系，两家企业逐渐开始有自己的风格和特色，主营业务上也开始各有侧重，而在企业内部更是风格迥异，管理制度和企业文化也大相径庭，因此在合并以后可能也会产生一定程度上的"互斥性"。合并后的新企业在人员调动和管理方面面临一些困难，

如何对庞大的人员进行重新管理，如何制定新的规章制度，营造怎样的新的企业文化，都是新公司的决策机构需要面临的难题。

1.5.3 国内市场发展可能面对垄断局势

最初的南北车分离是为了反垄断促竞争，而现在南北车又再次合并，因而也就再次面对垄断的问题，这样的问题也正是市场中的各类专业人士所担忧的，一方面，高铁这类的轨道装备建设本来就属于国家的自然垄断行业；另一方面，中铁也就是中国铁路总公司购买了南车和北车的大部分产品，中铁有较强的压制价格的能力。因此，中国企业改革与发展研究会的副会长李锦认为，南北车合并后的中车不会产生垄断的前提是中车不随便使用其在市场上的支配地位。由此李锦副会长提出了一些建议，首先是南北车合并后的新公司要建立一个科学系统的公司运营机制，这样既能在国际竞争中取得与技术和市场优势相对应的价值，还可以在国内市场中保持活力。如果想让上游和下游的企业也保持活力并增强其创新能力，也必须要防止南北车合并后中车滥用其市场支配地位。技术领先者才拥有话语权，境外的很多国家也是以一家大型轨道装备制造公司在国际上进行竞争的。王梦恕对此指出："他们一般都是以垄断的形式来获取高利润的，中国的高铁处在激烈的国际竞争市场中，应当值得担心的是技术不够纯熟，不够领先。"实际上，南车与北车的合并也标志着国企改革的新一波浪潮。

对于这样的情况，有专业人士提出建议：一是对南北车两家的资源进行统一有序的规划，但在进行统一规划前要注意对各类资源进行分类，可以按照国内外区域的不同分类，也可以根据不同类型的轨道交通分类，对其进行统一规划后，下一步是根据各个子公司的情况，因地制宜地为其分配订单及任务，这样能够合理分配资源、减少浪费，也能提高生产效率，在客户中树立良好的口碑。二是各个子公司要尽量保持基本不变的员工管理制度，在此基础上完善内部竞争制度，激发员工的创新研发能力从而加速企业的发展与转型。三是虚心学习和借鉴其他成熟企业的运营模式，在法律允许的范围内进行转型与发展，国家也要加强对行业的监督管理，这样中国中车才能真正地走出国门，走向世界，引领我国高端技术产业的发展。

2　思考题

本案例的思考题主要是针对本案例的知识覆盖点进行设置，目的是让学生以此思考题为基本方向对相关知识点进行预习，并经过课堂学习之后得到巩固和提高。在案例讨论前需要学生阅读教材中公司并购的相关内容，主要包括公司并购的动因、分类和类型，以及公司并购的主要步骤。

（1）南北车合并的主要动因是什么，有什么理论解释？

（2）南北车的合并属于哪种类型，这种类型有什么特点？

（3）从南北车合并的操作来看，公司合并主要需要进行哪些步骤？

（4）分析南北车合并的影响，并论述公司或企业间合并的实质和意义。

3　案例使用说明

3.1　教学目标

本案例教学使用说明是将此案例应用于《公司并购与重组》课程中的公司并购动因与类型部分的教学为基础撰写，如将本案例应用于其他课程教学安排需要做相应调整，本案例使用说明可做参考。

3.1.1　适用的课程

本案例适用于《公司并购与重组》课程的教学辅助案例。

3.1.2　适用的对象

本案例适用对象包括高年级金融专业本科生、金融学术型硕士和专业型硕士，以及工商管理硕士（MBA）和管理类研究生。

3.1.3　本案例教学目标规划

（1）覆盖知识点：本案例在《公司并购与重组》课程中主要覆盖的知识点有：

1）公司并购的动因及理论说明；

2）公司并购的分类和类型；

3）公司并购的主要步骤。

（2）能力训练点：本案例在《公司并购与重组》课程中规划的能力训练点有：

1）学会分析公司并购的驱动因素，尤其是市场势力和交易成本对公司并购活动的影响；

2）通过分析企业间并购的一系列因素和活动，熟悉公司并购的类型，掌握企业进行并购的步骤；

3）基于案例中南北车合并的市场和经济背景，通过对整个案例进展进行深入解析与评判，培养学生在复杂环境里的综合分析能力。

（3）观念改变点：本案例在《公司并购与重组》课程中涉及的并购理念有：

1）并购是企业获取规模经济效益的重要手段，其实质是社会资源的重新配置；

2）并购对经济和企业规模、结构的调整具有重要作用。

3.2　分析思路

案例分析的基本方式是教师事前设计好知识点的衍生逻辑，事中结合案例内容引导学生进行发散性思维，围绕各知识点依次进行讨论、展开，事后对学生的理解和掌握情况进行审查。因此本案例分析设计的本质是提问逻辑的设计，案例的关键点是并购的知识点在案例中得到较为明确的体现，掌握并购的动因、类型和步骤等。

3.3　理论依据

3.3.1　市场势力理论

本理论的基本理念是，企业想要扩大其市场规模从而为企业创造更具优势的生产经营环境、加强垄断效应是企业并购活动发生的原因。只有企业在市场中有足够的市场规模和垄断地位，才能获得更多的利润，企业也能更加稳定持久地经营下去，这是大部分并购活动所需要的最终结果。

企业通过并购来增强自身的竞争实力获得一定程度的垄断地位主要表现在：

（1）并购之后行业中的上下游企业得到了整合或者企业达成了规模效应，这样能够增强市场集中度，改善行业结构，使并购后的企业更加具有竞争优势，与此同时也能在一定程度上消除行业的退出阻碍。

（2）企业通过并购增强了自身实力，提高了市场效率，增强了供应商与买主之间的价格协商能力。

3.3.2　交易成本理论

该理论顾名思义是以降低交易成本为目的的理论，也就是说，并购的目的是为了节约交易成本，其原理是通过并购对企业的内部进行资源整合及结构优化从而形成规模效应，达到减少成本支出的目的。具体来说，企业可以通过纵向并购来整合上下游企业，将原本需要通过在市场上购买才能获得的资源并购为企业内部的一个生产部门，不仅以更低的成本、更便捷的方式支持企业的生产，也能通过对外销售资源为企业获利。在市场交易成本大大高于企业内部行政协调成本时，交易过程中的资产如果专用型比较高，并且交易频率和成本也很高，那么这种情况下就极有可能发生纵向并购。

交易成本的产生基于四种假定：①人是有限理性的，即人得到的信息和信息处理能力都是有限的；②人是机会主义的，在市场交易中往往不惜牺牲他人利益而获得自身利益最大化；③未来具有不确定性，导致交易合约的签订和监督费用高昂；④小数目条件，该条件是指某类商品在市场上的供应商很少，机会主义带来的损害难以避免。这四种假定导致了市场交易费用高昂，为了避免这些高昂的交易费用，市场和企业就会互相代替以节约交易成本，不断调整企业规模和结构以寻求最佳状态。这个过程往往就是并购的过程。

3.4　关键要点

本案例分析的关键在于把握公司并购的动因，分析在并购过程中所体现的并购类型。教学中的关键要点包括：

（1）公司并购动因的几种理论说明。

（2）并购的类型。

（3）并购中的重要步骤。

3.5　建议课堂计划

本案例课堂计划可以根据学生的差异，尤其是对案例的阅读和课前对相应知识的掌握程度进行有针对性的设计。本课程中案例主要按照 2 学时进行设计。

A 计划：学生事先预习到位，本科生和学术型研究生可以将小组讨论布置在课外进行，由于学生这类实践经验少，因此案例讨论过程中需要教师引导的内容要相对多一些。

B 计划：MBA 或专业型硕士学生，课前预习要求不高，学员之间预习差异较大，因此需要将小组讨论置于课堂讨论中进行。

两种课堂教学详细安排计划如表 1 所示。

表 1　安排计划

A 计划	B 计划
课前阅读相关资料和文献 3 小时，小组讨论 1 小时，考虑到本科生的知识基础和对应用的理解要适当增加讨论后知识总结的时间	课前阅读至少 0.5 小时，考虑到 MBA 学生课前阅读和讨论的可行性，建议将小组讨论置于课堂中进行
课堂安排：90 分钟	课堂安排：90 分钟
案例回顾：10 分钟	案例回顾：10 分钟
集体讨论：50 分钟	小组讨论：20 分钟
知识梳理总结：20 分钟	集体讨论：50 分钟
问答与机动：10 分钟	知识梳理：5 分钟
	问答与机动：5 分钟

在课堂上讨论本案例前，应该要求学生至少读一遍案例全文，对案例启发思考进行回答。具备条件的还要以小组为单位围绕所给的案例启示题目进行讨论。

本案例的教学课堂讨论提问逻辑为：

（1）为了调动大家的积极性可以先做一个简单的举手调查，调查学生对南北车的了解程度，对南北车合并时的新闻是否有阅读。

（2）南北车在中国的地位和状况，它们为什么合并？

（3）南北车合并是怎样进行的？有什么关键步骤？

（4）南北车合并后对中国相关行业和经济有什么影响？

3.6　案例的后续进展

本案例描述的是中国南北车合并为中国中车的原因、过程。中国中车成立后，公司选举崔殿国为公司第一届董事会董事长，聘任奚国华为公司总裁。2015

年 7 月 23 日，中国中车宣布获得史上最大的地铁订单。公开消息称，香港铁路有限公司已经落实采购 93 列、744 辆地铁列车，金额约 60 亿港元（约合 48.4 亿元人民币），并决定委托中国中车股份有限公司青岛四方机车车辆股份有限公司负责生产。列车将于 2018~2023 年抵达香港，届时将全面取代当前运行于香港观塘线、荃湾线、港岛线和将军澳线的现有车辆。据金融界网站显示，中国中车于 2015 年 10 月 30 日召开 2015 年第一次临时股东大会。

通化东宝公司经营杠杆与财务杠杆的组合状况与决策原理

闫　福

摘　要： 2001~2013 年是通化东宝公司转型发展的重要时期，一是从建材与医药平行发展转向医药为主，建材为辅；二是在医药领域，发展重点转向了治疗糖尿病的人胰岛素。在转型过程中，虽然胰岛素市场需求空间广阔，发展潜力较大，但国际巨头利用中国加入 WTO 的有利时机，捷足先登，抢占了中国市场。公司从零起步，在人才储备、研发实力、产品的市场认可度等方面与国外企业存在明显差距，竞争与生存的压力巨大。政策方面，新农合、医疗处方与非处方制度及医保招标等重大医改政策的出台，给公司既带来了机遇，也带来了挑战。因管理失误形成的不良应收账款也曾经长期困扰着企业，高额的销售费用持续吞噬着企业利润。面对较大的经营风险，公司管理者一直较为谨慎和理性，实施了一套相对稳健的财务政策，高经营杠杆和低财务杠杆的合理搭配，为公司顺利转型、实现平稳发展提供了重要保障。

关键词： 通化东宝；经营风险；经营杠杆；财务风险；财务杠杆

0　引　言[①]

介入一个处于发展期的行业或产品，需要公司的实力和决策者过人的胆量及

[①] 文中和图表所涉及的企业财务数据，除特别说明，均来自通化东宝公司的年度报告。

气魄，更需要理性、智慧和策略。作为东宝公司的当家人，李一奎和他的团队凭借在市场打拼多年练就的敏锐的市场感悟力和观察力，及时觉察到日益庞大的糖尿病患者群体赋予人胰岛素药品的巨大市场商机。依靠在中医药产品多年研发、生产等方面的积淀，他们决定进军人胰岛素（二代产品）市场。有人说他们是自不量力，甚至有人认为他们是"疯子"，因为他们进入的是由国际巨头高度垄断的市场，产品一投放市场就可能遭到扼杀，夭折在摇篮里。客观地讲，风险是存在的，遭遇失败也不是没有可能，何况公司在实力、资产质量等方面确实存在一些不足和瑕疵。但进军胰岛素市场并非李一奎和他的团队的一时冲动，而是源于他们对市场前景理性的分析和判断。他们在研发上大胆投入，在产品质量上精益求精，并选择把外商企业影响力薄弱的农村基层医疗市场作为自己产品的营销突破口和主攻方向，取得了理想的经营成果。2005 年胰岛素销售 7000 多万元，2006 年销售收入几近翻倍，达到 1.33 亿元，2016 年胰岛素销售收入接近 16 亿元，市场占有率超过 20%。

公司在胰岛素产品上取得成功，原因是多方面的，其中稳健甚至略显保守的财务政策使公司的财务风险自始至终都被控制在适度水平，合理的财务状况为公司持续经营起到了保驾护航的重要作用。

1　正　文

1.1　公司简介

通化东宝药业股份有限公司主要从事医药、建材（塑钢）的研发和制造，主要业务涵盖生物制品、中成药、化学药和建材，医药治疗领域以糖尿病、心脑血管为主。公司拥有国家级企业技术中心、国家 GMP 和欧盟 GMP 认证（2008 年7 月）的生产车间。被国家认定为高新技术企业、国家技术创新示范企业、ISO 14001 环境体系认证企业。主要产品包括重组人胰岛素原料药、重组人胰岛素注射剂（商品名：甘舒霖）、镇脑宁胶囊、医疗器械等。公司始建于 1985 年12 月 1 日，1992 年 11 月改制为股份有限公司，1994 年在上海证券交易所挂牌上市。2016 年底公司拥有净资产 39.45 亿元，总资产 46.75 亿元。在以企业家李一奎为核心的管理团队的精心呵护下，经过 30 多年的跨越式发展，公司已经由初始时的一家小型滋补品厂演变为一家大型制药企业，是当今世界上著名的人胰岛素生产基地之一；当初一个蹒跚学步的"婴儿"如今已正成长为行业"巨人"。

1.2　公司所属行业及转型发展情况

1.2.1　公司属于制药及建材行业，是一家以医药和建材并重（2001 年）逐步转向医药为主建材为辅的工业企业

医药行业属于非周期性行业，随着人口的增长、人口老龄化和城镇化趋势及居民支付能力的不断增强，人民群众日益提升的健康需求逐步得到释放，对医疗卫生服务和自我保健的需求继续保持增长，药品、保健品和健康服务的市场规模持续扩大。经济粗放增长导致的生态环境的持续恶化，更是从"需求侧"为医药行业增长提供了持久的拉动力。图 1[①] 显示，我国医药行业的工业总产值和销售收入呈现平稳增长态势，即使经历了 2008 年世界金融危机，该行业产值与销售总量"昂首"向上的态势也没有受到干扰。但是，图 1 还告诉我们，由于行业集中度较低，市场竞争激烈，与行业总产值与销售水平相比，行业的利润总额明显偏低，部分企业面临较大的生存压力。

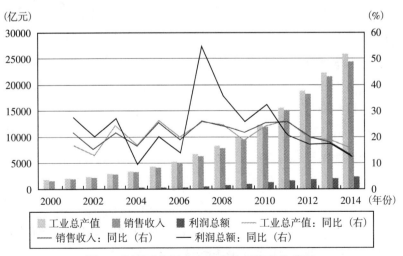

图 1　我国医药行业主要经济指标变化情况

---

① 资料来自通化东宝公司 2015 年度报告。

数据显示，2001~2016 年，除了 2005 年、2006 年，公司药品的毛利润率大都维持在 60%或 60%以上，而且随着产品结构的调整和完善，药品的毛利率还在不断提升。与药品毛利润率形成鲜明对比的是，建材产品的毛利率不仅大为逊色，而且受经济周期波动影响明显，年度之间波动较大，特别是 2009 年和 2010 年，受全球金融危机的冲击，建材产品的毛利润率一度沦为负值。之后，该项指标虽然恢复为正数，但往日的辉煌似乎已经一去不返了。

公司的主要产品为基因重组人胰岛素冻干粉及注射液、大输液制品、镇脑宁胶囊、东宝甘泰片、塑钢窗等。因为连续亏损，大输液制品在 2012 年就停止了生产，镇脑宁胶囊和东宝甘泰片是公司的两大传统产品，样本期内两类产品的收入占比持续下降，到 2016 年，镇脑宁胶囊在公司中的收入占比从 2007 年的 15.29%降到了 3.3%，东宝甘泰片更是从 2007 年的 2.74%降到了 0.34%。

建材（塑料建材）产品曾是公司的支柱产品，早在 2001 年，建材产品销售收入达到了 52.16%，药品收入仅占 47.84%，在公司披露的 12 家子公司与合营企业中，经营建材产品的占到了 10 家，医药类只有 2 家（见 2001 年报）；与东宝甘泰片等传统产品一样，建材产品也经历了相似的衰变过程，到 2007 年，其销售收入占比已经降到 22%，2016 年又进一步萎缩到 1.28%。

与上述产品形成鲜明对比的是，无论是销售收入，还是销售占比，重组人胰岛素原料药、重组人胰岛素注射剂（商品名：甘舒霖）一直维持了稳健的增长态势，胰岛素销售收入占公司营业收入的比重，2005 年是 21.34%，2010 年上升到 77.96%，之后几年一直稳定在 75%以上。甘舒霖笔、血糖仪等医疗器械是胰岛素的配套产品，2012 年开始在年报中披露，如果把胰岛素及与之配套的医疗器械合并，两项占比到 2015 年已经达到了 91.28%。

2001~2016 年是公司产业、产品转型的过渡期。一是由建材与医药并重逐步转向以医药制造为主；二是在医药领域，逐步由大输液制品、镇脑宁胶囊、东宝甘泰片等产品转向重组人胰岛素原料药、重组人胰岛素注射剂等为主。重组人胰岛素已经成为公司资源配置的重心，成为公司战略与运营逐渐聚焦的核心产品。

重组人胰岛素作为公司经营的重中之重，承载着东宝人的未来与希望。

1.2.2 公司转型升级面临的机遇与挑战

1.2.2.1 公司具备转型升级的多种优越条件

（1）公司经济基础扎实。公司的镇脑宁、东宝甘泰片、脑血康片等传统医药产品是国家级新药和拳头产品，可以为公司带来稳定的利润和现金流，可以为公司的转型升级提供较好的经济保障。

（2）技术实力雄厚，自主研发能力强。1998年，公司先后投入数亿元科研经费，成功研制出具有中国独立知识产权的高科技制剂药品"甘舒霖"，填补了国内空白，使中国继美国、丹麦之后成为世界上第三个能生产基因重组人胰岛素、第二个能生产甘精胰岛素的国家，该成果被587名中国工程院院士评为中国十大科技进展新闻奖。

（3）产品价格优势明显。二代胰岛素的实际招标价比外资低15%左右、甘精胰岛素的价格比外资要便宜20%左右，因此国产优质胰岛素的性价比更高，在医保控费的大背景下，替代进口胰岛素的潜力巨大，可大大减轻医保和糖尿病人的支付压力。

1.2.2.2 糖尿病患者多，就诊率低，重组人胰岛素市场空间广阔

胰岛素于1922年首次上市，由于治疗糖尿病药物没有取得根本性的突破，使得胰岛素在经过80余年的发展后，仍然是医药领域的"常青树"。据统计，我国于2009年已经取代印度成为糖尿病患者最多的国家，2009年3月24日，刊载在《新英格兰医学杂志》上的中国最新糖尿病流行病学调查结果表明，在年龄≥20岁的中国人群中，糖尿病和糖尿病前期患病率分别高达9.7%和15.5%，据此推算当时中国有9240万糖尿病患者，有1.482亿人处于糖尿病前期。当时确诊人数约为4000万，就诊率仅为30%~40%，贫困地区的就诊率更是不足10%。随着经济发展，糖尿病发病率呈上升趋势。在发达国家及经济较发达地区，糖尿病的发病率很高，如日本为7.5%，新加坡为8.6%，美国为6%~8%[①]。我国经济的快速发展和人民生活水平的不断提高，以及新农合等政策的配套推出、老龄化的日趋临近，预计我国糖尿病患者还将会大大增加，胰岛素市场将持续快速发展。

1.2.2.3 公司转型升级面临诸多压力和挑战

（1）面临国际巨头的压制和阻挠。国外胰岛素主要的生产厂家为诺和诺德、礼来以及赛诺菲巴斯德三家企业，印度的Biocon、Wockhardt、Bioton几家小生产商也开始进入这一市场。国内生产企业有通化东宝、江苏万邦、深圳科兴等，其

---

① 本段数据主要来自《通化东宝：投资价值分析报告》。

中通化东宝是我国胰岛素的最大生产企业。行业集中度非常高，国内市场主要被诺和诺德、礼来和东宝三大企业占据。

表1　国内重组人胰岛素市场销售格局

	市场占比（%）		销售额（增值税后出厂价口径）亿元		销量（万支）	
	2007年	2009年	2007年	2009年	2007年	2009年
诺和诺德	81.20	70.30	15	18.2	3409	4136
礼来	12.40	15.40	2.3	4	523	909
通化东宝	6.40	14.30	1.18	3.7	337	1057
总计	100	100	18.48	25.90	4269	6102

资料来源：《关于通化东宝的投资可行性分析报告》。

表1表明，尽管通化东宝的市场占有率占据第三的排名，且市场份额提升较快（在2005年以前，我国胰岛素市场基本被诺和诺德和礼来两大跨国巨头所垄断，公司的市场占有率不足1%），但与诺和诺德相比，市场占有率明显偏低。可以肯定地讲，通化东宝与诺和诺德、礼来根本不是一个重量级的"选手"，这就意味着，在胰岛素市场，通化东宝的发展可能面临来自国际巨头的无情压制和重重阻挠。

（2）市场拓展代价昂贵。为了规避和弱化来自诺和诺德、礼来等企业的强大竞争压力，通化东宝选择把农村基层医疗机构作为人胰岛素市场营销的主攻方向，公司胰岛素销量的75%~85%分布在地县级医院市场，到2012年底，公司营销人员的活动范围已经覆盖了90%左右的地市及县城医疗机构市场。公司还与中国医师协会内分泌代谢科医师分会合作开展"蒲公英行动——中国糖尿病基层医生培训项目"，至2014年，在全国26个省市建立糖尿病基层培训基地，培训3000名地县级内分泌科医生。公司深耕基层的策略收到了良好的营销成果，2005~2012年，通化东宝胰岛素年销售额从7000万元增长到近8亿元，年复合增长率达41.5%，累计实现销售收入近30亿元。但拓展基层医疗市场并非易事，公司为此也付出了昂贵的营销代价。数据显示，随着公司销售的不断增长，公司营销费用占营业收入的比重从2001年的15.32%增加到了2013年的36.11%，虽然期间公司的营业成本下降明显，但销售费用的大幅提升部分抵消了营业成本下降对利润形成的正面影响，加之账款管理、非医药业务等因素拖累，企业的总营业成本长期维持在 90% 左右的水平，企业长期处于增收不增利的尴尬境地，直到 2014 年，因二代胰岛素进入 2012 年版的基药目录等原因，二代胰岛素销售放量的同时伴随销售费用的下降，这种情况才出现明显缓解。

（3）资产质量令人忧虑。突出表现在应收账款中一年以上期限占比过多。表 2 是公司 2004 年和 2005 年两年应收账款的账龄及坏账准备提取情况。以 2005 年为例，一年期以上的应收账款合计金额超过了 1.2 亿元，占比达到了 34.68%，仅三年以上应收账款占比达到了 31.37%。另外，公司应收账款的坏账准备提取比率明显偏低，报表披露的应收账款"水分"多，企业的账面资产和账面利润随因应收账款不实而大量缩水。

表 2　公司应收账款账龄结构及坏账准备提取情况

单位：万元，%

账龄	2005 年 12 月 31 日				
	账面余额	所占比例	坏账准备	比例	账面净额
1 年以内	122257015.31	34.68	6112847.26	5	116144168.05
1~2 年	64606749.55	18.33	4522472.49	7	60084277.06
2~3 年	58170661.72	15.62	4653652.93	8	53517008.79
3 年以上	107507403.27	31.37	45759727.10	20~50	61747676.17

账龄	2004 年 12 月 31 日				
	账面余额	所占比例	坏账准备	比例	账面净额
1 年以内	146666537.95	37.76	7301466.81	5	139365071.14
1~2 年	92933876.55	23.92	6292437.37	7	86641439.18
2~3 年	21150362.75	5.44	1.692029.01	8	19458333.74
3 年以上	127808608.31	32.88	53513759.21	20~50	74294849.10

（4）市场招标面临一定的不确定性。一是国内医药流通市场秩序混乱，招标市场灰色区域多，一些地方政府和医疗机构招标行为不够规范，加之竞标市场竞争激烈，招标成功与否存在一定的不确定性。二是国际市场拓展存在一定的难度，公司的人胰岛素在初期进入俄罗斯、乌克兰、埃及等国家，销量较为有限，进入欧洲和北美市场必须通过欧盟 GMP 认证和美国的 FDA 认证，2007 年开始，逐步开展欧盟 GMP、美国 FDA 认证工作。虽然公司一直按对方认证要求高标准、高质量进行项目建设和产品生产，但主动权掌握在对方手里，在当时看来，

能否进入与何时进入欧美市场存在一定的不确定性（2013 年通过欧盟 GMP 认证，但到 2015 年重组人胰岛素原料药仍在进行美国 FDA 认证的前期准备，生产现场正参考美国 cGMP 的要求进行整体升级。同时，公司还准备重组人胰岛素原料药车间的欧盟 GMP 的再认证工作）。

2　思考题

（1）以通化东宝公司为例，公司转型期间，经营风险与经营杠杆一般会处于什么状态？

（2）根据相关数据资料，如果把财务安排分为稳健、中庸和保守三种情况，你认为公司应该属于哪一种情况？

（3）你认为公司的财务安排适合公司转型发展的情况或需要吗？请说出理由。

（4）根据公司的转型情况和发展趋势，你认为公司的财务政策会朝着什么方向改变？导致这种变化的主要理由或原因是什么？

3　案例使用说明

3.1　教学目标

（1）适用课程：公司金融、公司财务、投资学。

（2）适用对象：金融专业硕士、MBA、高年级本科生。

（3）教学目标：以通化东宝公司的行业和产品转型为背景，依据转型中公司核心产品（胰岛素）面临的市场前景、市场结构特征、公司营销费用与营业收入对比情况、资产质量等相关信息，体会公司财务政策的特点、设计原理与制定依据，掌握公司财务杠杆与经营杠杆有效结合的基本原理。

3.2 案例涉及的知识点

3.2.1 企业财务战略

财务战略涉及企业战略和财务管理两大领域。它是在企业战略目标的指导下，以企业内外环境影响因素为基础，以实现股东财富的保值增值和保持企业长期竞争优势为目标，对企业财务资源进行全局性、长期性和创造性的决策、计划、实施和控制的过程。它是为了保证企业整体战略管理目标的实现而制定的一系列财务决策，是企业管理者在对企业外部环境和内部环境深入分析和准确判断的基础上形成并实施的，财务战略对企业未来经营具有决定性影响。

按公司采用的经营方针，财务战略可分为扩张型、稳健型和防御型三种，一般讲，处于初创阶段、成长阶段和衰退阶段的企业，适宜采用稳健型或防御型的财务战略，而处于成熟期的企业，因现金流量充裕，承债能力强，适宜采用扩张型的财务战略。

企业战略环境是制定财务战略的依据，分为内部环境和外部环境。内部环境一般包括组织、人事、生产、营销和其他因素等。研究内部环境，就是要清楚这些因素对企业资金流动的影响，及时发现企业自身的长处和短处，分析造成这种情况的原因，以便挖掘潜力，发挥优势。外部环境是存在于企业外部的影响企业资金流动的客观条件和因素的总和，包括总体的市场环境和行业环境。具体包括政治法律环境因素、经济环境因素、金融环境因素、社会环境因素、技术环境因素和产品市场规模、市场增长率、行业生命周期、行业竞争结构等因素在内的行业环境。具体到一个企业，影响其财务战略的主要环境因素会存在差异，鉴于资料的可得性和分析的便利性，本案例涉及的外部环境因素主要是行业因素。

本案例认为，对通化东宝公司财务战略发挥决定作用的因素主要包括胰岛素的市场前景、公司的技术优势、市场地位与市场竞争结构、资产质量和营销费用支出情况等，这些因素导致公司经营业绩充满了较大的不确定性，较大的经营风险要求公司采取稳健的财务战略。

3.2.2 经营风险与财务风险在企业生命周期不同阶段的组合原理

3.2.2.1 产品生命周期理论

产品生命周期包括起步期、成长期、成熟期和衰退期，大多数企业的产品都会沿着这样一个公认的生命周期发展。

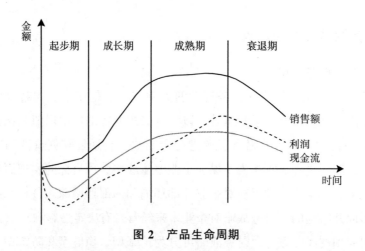

图2 产品生命周期

图2显示了产品生命周期内的销售额、利润和现金流。在起步期，由于研发和开拓市场需要大量投资，但市场拓展迟缓，销售量很低，利润和现金很可能都是负值，这一阶段存在着巨大的经营风险。成长阶段，产品逐渐被潜在客户所接受，销量大增且快速增长。随着生命周期的推进，利润和现金流先后转为正值，由于企业成本的资本化，利润的转正一般要先于现金流的转正。销售的持续快速增长带来的丰厚回报会吸引一些新的竞争者进入市场，产品供给大量增加，但销售的增长不可能永远保持快速增长的势头，当该产品的潜在顾客都已经进入市场并建立起稳定的使用率时，产品需求趋于稳定，销售增长开始放缓。这时，许多企业的生产能力出现过剩，并引发残酷的价格战，直到形成更稳定的平衡状态，产品逐渐进入成熟期。这一阶段，优质企业渴望凭借产品的可观销售获得稳定的利润，该阶段持续时间的长短主要取决于产品持续满足市场需求的能力和替代品出现的时机和替代能力。由于市场已经达到饱和状态，一旦出现更好的替代品，原有产品的市场需求将会被新产品快速侵蚀，接下来厂商们将面对日趋严峻的衰退阶段。

通化东宝转型进入胰岛素市场正处于该产品生命周期的成长阶段，而且这一阶段将会持续很长时间，原因主要在于：糖尿病患者队伍庞大且呈现持续增长态势，患者就诊率低，潜在的市场医疗需求空间巨大；胰岛素的替代品（至少是有竞争力的替代品）尚未出现，随着糖尿病患者和就诊人数的不断增加，对胰岛素的需求仍将保持快速增长的态势。

3.2.2.2　经营风险与财务风险的组合原理

企业应该根据产品生命周期进行财务风险与经营风险的反向搭配，并根据各阶段的风险特点做出相应的融资决策和股利分配决策。具体内容和决策方式如表3所示。

表 3　产品生命周期各阶段风险组合及融资方式

产品生命周期阶段	经营风险	财务风险	融资来源	股利支付率
起步期	非常高	非常低	权益融资（风险资本）	零
成长期	高	低	权益融资（增长的投资者）	一般
成熟期	中等	中等	债务与权益融资（留存收益）	高
衰退期	低	高	债务融资	100%

在产品的整个生命周期里，经营风险不断下降，财务风险不断增加，两类风险呈反向变化。在起步期，极高的经营风险对应极低的财务风险，这时适宜的融资来源是股权资本，此时的现金流量多为负值，即使有正的现金流入，也应该用于积累，所以这时适宜的股利支付率应为零。到了成长期，经营风险下降，但依然较高，企业仍应把财务风险控制在较低水平，权益资本仍应是企业主要的资金来源，股利支付率也要维持在较低水平。到了成熟期，产品销售可观，且较为稳定，经营风险进一步下降。由于现金流量较为充裕且可预期，企业承债能力增强，这时的企业可适当增加债务融资。成熟期日趋饱和的市场使企业不再热衷追加投资，经营活动产生的大量现金流可用于股利支付，回报投资者。

通化东宝公司的胰岛素自投产以来，产量和销量持续增长，可以说东宝公司是在胰岛素药物步入到成长期转型进入的。由于潜在的市场需求不断扩充，作为治疗糖尿病的基准药物，胰岛素未来的市场空间将会不断扩大，因此有信心认为该产品目前的这种蒸蒸日上的成长阶段将会长期持续下去。因此，从产品生命周期角度看，通化东宝公司的经营风险较胰岛素药物的起步阶段有明显下降趋势，加之还有镇脑宁胶囊、东宝甘泰片、塑钢窗等传统产品形成的组合优势，公司的整体经营风险具有一定的可控性，理论上讲，公司这时可以考虑适度增加负债率，使股东享受更多的财务杠杆收益。

3.2.2.3　波士顿矩阵法

波士顿矩阵法是波士顿咨询公司（BCG）于1970年提出的一种规划企业产

品组合的方法，认为市场成长率和相对市场份额是决定公司成功的两个关键因素，并根据两因素的组合情况判断公司某产品的发展状况和前景，从中发现机会，进而制定资金投放战略。

在企业实践中，企业决策人员根据相对市场占有率和行业增长率两个指标对某产品或业务进行评估。相对市场占有率表示企业该项产品或业务相对于最大竞争对手的市场份额，用于衡量企业在相关市场上的实力。这个指标很重要，某个企业的市场份额为 20%，看似很可观，但如果唯一竞争对手占有其他 80% 的市场份额，那么公司的竞争地位相对来讲还是很弱的。市场成长率表示该业务的销售量或销售额的年增长率，用 0%~20% 表示，并认为市场成长率超过 10% 就是高速增长。用纵坐标代表市场成长率（越往上代表水平越高），横坐标代表相对市场份额（越往左代表水平越高），把坐标空间划分为四个区域，就形成如图 3 所示的波士顿矩阵。

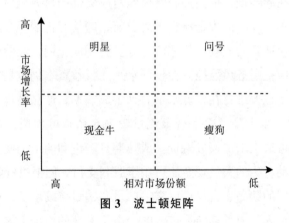

图 3　波士顿矩阵

波士顿矩阵法将一个公司的业务分成四种类型：问题（问号）、明星、现金牛和瘦狗。

问号业务是指高市场成长率、低相对市场份额的业务，往往是一个公司的新业务，公司必须建立工厂，增加设备和人员，以便跟上迅速发展的市场，并超过竞争对手，这意味着大量的资金投入。问号非常贴切地描述了公司对待这类业务的态度，公司必须慎重决定：是否继续投资，发展该业务？只有那些符合企业发展长远目标，企业具有资源优势，能够增强企业核心竞争能力的业务才能得到肯定的回答。

　　明星业务是指高市场成长率、高相对市场份额的业务，这是由问号业务继续投资发展起来的，它将成为公司未来的现金牛业务。但这并不意味着明星业务一定可以给企业带来滚滚财源，因为市场还在高速成长，企业必须继续投资，以保持与市场同步增长，并击退竞争对手。企业没有明星业务，就失去了希望，但群星闪烁也可能会欺骗企业高层管理者的眼睛，导致做出错误的决策。这时必须具备识别行星和恒星的能力，将企业有限的资源投入到能够发展成为现金牛的恒星上。

　　现金牛业务指低市场成长率，高相对市场份额的业务，它是企业现金的来源。由于市场已经成熟，企业不必大量投资而扩展市场规模，同时作为市场中的领导者，该业务享有规模经济和高边际利润的优势，因而给企业带大量财源。企业往往用现金牛业务支付账款并支持其他三种需大量现金的业务。

　　瘦狗业务是指低市场成长率、低相对市场份额的业务。一般情况下，这类业务常常是微利甚至是亏损的。瘦狗业务通常要占用很多资源，如资金、管理部门的时间等，多数时候得不偿失。

　　胰岛素产品的市场需求多，成长空间大，以中国为例，糖尿病的发病率和胰岛素的市场需求以每年30%的速度增长。但通化东宝公司的胰岛素相对市场占有率明显偏低，与市场占有率最高的诺和诺德相比，公司在2007年和2009年的相对占有率分别只有7.88%和20.3%。此时，该公司的胰岛素明显处于"问号"状态，未来能否升级为明星业务和现金牛业务，取决于公司的后续投资能力、研发能力、产品投放能力和市场拓展能力，还有竞争对手的营销策略等多种因素。这时，稳健的财务政策对公司的持续发展无疑是很重要的。

3.3　案例分析思路

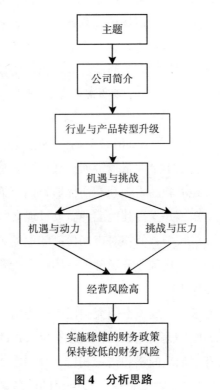

图 4　分析思路

3.4　案例要点

（1）公司转型发展的基本情况。

（2）公司转型发展面临的机遇与挑战。

（3）公司经营风险与财务风险的组合情况。

（4）经营风险与财务风险的组合原理。

3.5　建议课堂计划

（1）课前发放案例资料，提出需要思考的问题，要求学生在课前完成阅读和初步思考。

（2）案例介绍与课堂交流、讨论时间控制在 60 分钟以内。

1）课堂导引（10 分钟）。教师介绍案例情况、明确案例研究的主题和需要讨论、思考的问题。

2）针对问题，分组讨论交流（30 分钟），要求每位同学事先准备发言提纲。

3）小组发言，由小组代表介绍小组讨论结果或主要结论与分歧，每组发言控制在 5 分钟。

4）由教师进行归纳总结（10 分钟）。

贝尔斯登投资银行的毁灭

徐 临

摘 要： 2007 年初美国爆发次贷危机。2008 年 3 月 16 日，美国知名投资银行——贝尔斯登投资银行在连续保持 83 年盈利的情况下，以每股 2 美元的价格被竞争对手收购，贝尔斯登投资银行被收购事件在全球金融市场引发了轰动性的影响。贝尔斯登投资银行，在次贷危机面前，暴露了其风险管理的缺陷。本教学案例在介绍贝尔斯登投资银行毁灭来龙去脉的基础上，引导学生分析其面临的风险，找到其毁灭的深层次原因。

关键词： 贝尔斯登；次贷危机；风险

0 引 言

美国摩根大通（JPMorgan Chase & Co）2008 年 3 月 16 日宣布，将以每股 2 美元的价格收购对手贝尔斯登公司（Bear Stearns Co.），总价大约 2.36 亿美元。走过 85 年风雨历程，美国第五大投资银行贝尔斯登定于 3 个月后关门停业。随着次贷危机席卷全球，贝尔斯登公司成为第一个崩溃的投资银行。

1 正 文

1.1 背景介绍

贝尔斯登是全世界最大的投资银行与证券公司之一，是世界 500 强企业之一，全球领先的金融服务公司，成立于 1923 年，总部位于纽约市，与高盛、摩根士丹利、雷曼兄弟和美林号称世界五大投资银行。公司员工遍布全球，总计约 14500 名。根据《机构投资者》（*Institutional Investor*）的统计数据，贝尔斯登公司有 85 年历史，却创造了连续 83 年盈利的纪录。

1.2 次贷危机爆发前贝尔斯登的业务格局

1940~2006 年，从美国全国范围看，其住宅价格一路上涨。2001 年开始，美国房地产市场由于受到了房屋按揭贷款的影响飞速发展。投资银行随即开发出和贷款人还款风险相对应的抵押支持债券或者抵押贷款证券化（Mortgage-Backed Security，MBS）和担保债务凭证（Collateralized Debt Obligation，CDO）等金融衍生产品。贝尔斯登根据市场的变化调整了自己的经营业务，最终形成三大业务板块。这三大业务板块 2002~2007 年营业收入如表 1 所示。

表 1　2002~2007 年贝尔斯登公司三大业务的营业收入

单位：亿美元

业务板块	业务种类	业务范围	2002 年	2003年	2004年	2005年	2006年	2007年
资本市场业务	权益投资业务	业务包括销售、交易与研究咨询。涉及的品种包括国内和国际股票、场外股票、股票衍生品、能源与大宗商品衍生品	11.1	9.3	10.8	14.1	19.6	21.6
	固定收益业务	销售、交易、发行固定收益产品，并提供研究报告服务。产品主要有抵押担保债券（MBS）、资产支持证券（ABS）、公司和政府债券、市政债券以及高收益产品，比如过桥贷款、汇率、利率衍生产品和信用衍生产品等	19.1	29.3	30.9	32.5	41.9	6.9

续表

业务板块	业务种类	业务范围	2002年	2003年	2004年	2005年	2006年	2007年
资本市场业务	投资银行业务	资本融资、并购业务、承销业务、咨询顾问、商业银行业务	8.6	9.6	11.8	9.8	11.7	10.8
全球结算业务	全球结算		7.5	7.8	9.1	10.7	10.8	12.0
财富管理业务	资产管理		1.4	1.3	1.9	2.3	3.4	2.3
	私人客户		3.6	3.8	4.4	4.5	5.2	6.0

资料来源：张兴胜，贾知青. 贝尔斯登并购案例分析 [J]. 银行家，2008（6）：88–89；石梦，黄艳，陈汉文. 贝尔斯登公司风险管理失败及其启示 [J]. 财会通讯，2009（1）：30–33.

从表1可以看出，增幅最低的是投资银行业务。从2002年的8.6亿美元的收入增长到2006年的11.7亿美元，增幅达到36%。

从2002年到2006年，全球结算业务从7.5亿美元的收入增长到10.8亿美元，增幅达到44%；财富管理业务从2002年的5.0亿美元的收入增长到8.6亿美元，增幅达到72%；权益投资业务从11.1亿美元的收入增长到19.6亿美元，增幅达到76%。

增幅最高的是固定收益业务。从2002年的19.1亿美元的收入增长到2006年的41.9亿美元，增幅达到120%。其占营业收入比重从2002年的37.23%增长到2006年的45.25%。2003年，贝尔斯登占领抵押担保债券（Collateralized Mortgage Obligation，CMO）的主要市场，是全球盈利最高的投资银行。在2006年以前，固定收益业务是公司收入最高的业务，固定收益业务主要是凭借在销售和投资抵押担保证券、资产支持证券等业务的重大投入。

房价持续上涨推动了贝尔斯登的次贷支持CDO投资规模快速增长。发售CDO、自营投资规模分别从2005年的180.67亿美元、409.70亿美元增长到2006年的217亿美元和685亿美元。2007年，贝尔斯登业务和资产大量集中于房产抵押相关产品打包即CDO等，已经成为全球最大的房地产抵押债券承销商。贝尔斯登的次贷支持CDO投资规模之所以会快速增长，主要是因为：

第一，贝尔斯登公司高管的薪酬待遇和公司的盈利规模联系在一起，高管们为了获得高回报，有动力来扩张次贷支持CDO投资业务。

第二，在美国房地产价格大幅上涨的形势下，2003年后，债券类投资工具次贷支持CDO利率高，违约率低，市场规模急剧扩张，成为美国证券市场交易的主要金融产品；加上政府监管不力，金融创新不受监管，因此贝尔斯登扩张次贷支持 CDO 投资业务有外部推动的因素。具体原因如图 1 所示。

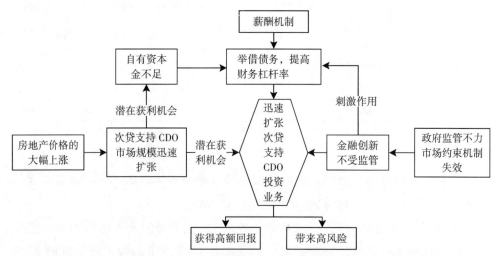

图 1　贝尔斯登的次贷支持 CDO 投资规模快速增长的原因分析

资料来源：陈志斌，张文忠，陈志红. 企业现金流断流与华尔街投资银行危机——基于贝尔斯登破产的案例研究 [J]. 审计与经济研究，2010(5)：54-60.

投资规模的加大需要大量资金。由于自有资本少，贝尔斯登公司采取了举债、提高财务杠杆率等措施短期融资，即通过签订回购协议证券、增加浮动利率借款和特设机构的抵押贷款等方式募集了大量的资金。这期间公司杠杆率从 2003~2006 年的 27~29 上升到 2007 年的 34。

2006 年 10 月，美国住房价格开始下跌。贝尔斯登公司对于美国房地产市场交易降温，进而影响次贷支持的 CDO 的风险未能识别和评估。2007 年底，高盛召开"抵押风险"的会议，会议决定必须降低抵押以及与抵押相关的有价证券的存量，同时买进昂贵的保险以对冲即将到来的损失。而这时的贝尔斯登正忙于为获取高额费用包装和交易复杂的证券，完全忽略了对他们作为买方的保护措施。

1.3　次贷危机爆发后，贝尔斯登倒闭的过程

2007 年 2 月，美国房地产泡沫破灭。投资者因为贝尔斯登公司的资产中含有大量的债务抵押债券而对其的信任度大打折扣。

2007 年 7 月 31 日，贝尔斯登公司宣布，其旗下从事次贷支持 CDO 的两只对冲基金：高级信贷策略基金和高级信贷策略杠杆基金向法院提交文件申请破产保护。投资人共计损失超过 15 亿美元。

随着贝尔斯登次贷支持 CDO 及资产支持证券价值大幅度缩水，公司固定收益业务收入急剧下滑，贝尔斯登于 2007 年 11 月 1 日宣布，该公司在 2007 年的第四季度里，发生了 83 年以来的第一次亏损。

2008 年 3 月 8~9 日，市场不断扩散贝尔斯登将出现流动性危机的流言，公司董事长则选择在这个周末去底特律参加桥牌联赛。公司高管在贝尔斯登出现严重危机的关键时刻，表现出的却是漫不经心。另外，由于 1998 年贝尔斯登拒绝和华尔街同行一起，在长期资本管理公司面临困境时参与对其的救助，在贝尔斯登将出现流动性危机市场流言时，华尔街的同行中没有一家公司帮助贝尔斯登公开反驳这些流言。

2008 年 3 月 10 日，美国股市出现"贝尔斯登可能出现了流动性危机，债主将强制变现公司投资资产"的传言，市场出现恐慌。

2008 年 3 月 10~13 日，客户出现了挤提潮，投资者们将在贝尔斯登公司存放的 170 亿美元迅速撤离，而其债权人也决定不再为其提供资金。

2008 年 3 月 10 日，一直以来与贝尔斯登公司合作的荷兰合作银行宣布以后不为其提供贷款，其他一些大型投资银行也都拒绝与贝尔斯登公司发生交易。

2008 年 3 月 11 日，穆迪评价机构宣布将贝尔斯登公司发行的一系列由位于次级和优等之间的住房抵押贷款支持证券的信用等级降级。

2008 年 3 月 14 日，贝尔斯登被迫宣布出现"流动性危机"，公司致电美联储求援。美联储通过摩根大通公司向其提供应急资金。

2008 年 3 月 16 日，这一天华尔街最著名、最受尊敬的投资银行之一——贝尔斯登轰然倒塌，最终以每股 2 美元的价格被竞争对手美国摩根大通公司收购。

1.4 贝尔斯登毁灭的事件分析

那么到底是什么毁灭了一家具有 80 多年历史的华尔街第五大投资银行？

大多数文献[①]指出，美国次贷危机是贝尔斯登倒闭的导火索。金融创新是现代金融企业发展的动力，但金融机构过度进行金融创新，金融衍生品泛滥，市场监管未能同步跟上，最终引发巨大的风险。

---

① 到底是什么毁灭了这家华尔街久负盛名的投资银行？[EB/OL]. 2008-03-22，http：//www.investbank. com.cn/Information/detail.aspx？id=19360.

美国证券交易委员会主席考克斯表示，信心危机导致贝尔斯登被迫出售给摩根大通，而不是因为资金缺乏。

陈志斌、张文忠、陈志红认为，现金流断流是贝尔斯登消亡的直接杀手，背后是贝尔斯登业务集中于固定收益业务，次贷支持 CDO 投资规模的扩大带来过高的财务杠杆；政府市场监管不力，也未将金融衍生产品纳入监管。[①]

张兴胜、贾知青分析了赵漫凝的贝尔斯登公司分析后，指出长期繁荣中出现的"景气幻觉"潜藏着危机。当出现急剧紧缩的融资环境，就使高负债的金融机构出现破产的风险。[②③]

石梦、黄艳、陈汉文分析了贝尔斯登 2002~2007 年的财务数据和公司治理结构，指出其存在风险管理环境、风险管理文化、风险识别与应对、风险控制、信息和沟通系统以及内部监督存在缺陷。[④]

李灵翔从全面风险管理视角下内部审计作用机制对贝尔斯登事件进行分析，指出其存在风险管理的漏洞。[⑤]

2　思考题

（1）从美国经济环境；贝尔斯登业务、融资渠道、财务杠杆、企业风险文化；金融创新、外部监管等方面分析贝尔斯登面临的金融风险。

（2）分析并评价贝尔斯登的风险识别、风险评估、风险应对和控制、信息沟通等措施。

（3）CDO 的风险有哪些（从主权风险、违约风险、利率与汇率风险、信用违约风险、汇率与利差交换合约风险、法律风险、流动性风险来分析）？

---

① 陈志斌，张文忠，陈志红.企业现金流断流与华尔街投资银行危机——基于贝尔斯登破产的案例研究 [J].审计与经济研究，2010（5）：54-60.

② 赵漫凝.贝尔斯登公司期限转换风险的案例分析 [D].辽宁大学博士学位论文，2016.

③ 张兴胜，贾知青.贝尔斯登并购案例分析 [J].银行家，2008（6）：88-89.

④ 石梦，黄艳，陈汉文.贝尔斯登公司风险管理失败及其启示 [J].财会通讯，2009（1）：30-33.

⑤ 李灵翔.全面风险管理视角下内部审计作用机制——基于贝尔斯登事件的分析 [J].会计之友，2009（11）43-44.

（4）贝尔斯登案例对我国投资银行的启示有哪些？

（5）金融机构应如何做好风险防控？

3 附 录

视频：10 分钟搞懂次贷危机。

4 案例使用说明

4.1 教学目标

适用课程：本案例主要适用于金融机构风险管理课程或金融风险管理课程。

适用对象：本案例适用教学对象为金融专业硕士，也可用于高年级金融专业本科生的教学。

教学目的：本案例以分析金融机构所面临的金融风险为主要目标，通过介绍贝尔斯登投资银行毁灭来龙去脉，引导学生分析其面临的金融风险，找到其毁灭的深层次原因，并探讨其风险管理措施，从多角度启发学生思考。

4.2 案例涉及的知识点

（1）有关金融衍生品住房抵押担保证券（CMO：Collateralized Mortgage Obligation/CDO：Collateralized Debt Obligation）等的定义。

（2）市场风险、信用风险、流动性风险、法律风险、体系风险、金融衍生品风险等金融风险的定义及其成因。

（3）金融风险管理的程序。

（4）应对金融风险的策略。

4.3 案例分析思路

教师可以根据自己的教学目标（目的）灵活使用本案例。这里提出本案例的分析思路，仅供参考。

（1）设置开放式讨论情境，回顾市场风险、信用风险、流动性风险、法律风险、体系风险、金融衍生品风险的定义，分析贝尔斯登毁灭事件中的金融风险及其金融风险的成因，进一步探讨针对这些金融风险的管理措施。具体思路：

1）市场风险：贝尔斯登主要从事住房抵押担保证券（CMO/CDO）市场业务，是整个 CMO 市场的领头羊。由于持有大量的种类较单一的金融产品，面临较大的市场风险，当所持有的 CMO/CDO 价格大幅下跌的时候，贝尔斯登亏损巨大。

2）信用风险：贝尔斯登持有大量的住房抵押担保债券，由于房贷的违约率上升，债券的发行人不能承兑，出现大量违约。

3）流动性风险：贝尔斯登在 2007 年末由于住房抵押担保证券产品带来的投资基金的亏损将近 20 亿美元和资产的缩水 400 多亿美元，亏损过于严重，出现流动性的严重短缺，贷款人和客户迅速从贝尔斯登撤出资金。美联储通过摩根大通给予贝尔斯登 28 天的短期借款，是美联储自 1930 年大萧条以来首次以这样的方式给予金融机构贷款。

4）法律风险：贝尔斯登高层提供虚假误导金融市场的文件。

5）体系风险：2007~2008 年次贷风暴带来的金融危机，出现金融市场的股价暴跌、违约率上升、流动性短缺等问题，而且金融危机从美国蔓延至其他国家。

6）金融衍生品风险：CDO 等各种金融衍生品风险。

（2）引导学生从以下四方面明确贝尔斯登的风险管理缺陷：

1）内部企业文化不妥当。

2）风险识别与评估不到位。

3）风险应对与风险控制活动不作为。

4）信息沟通不及时。

4.4 背景信息

（1）美国大的经济环境。美联储报告 2008 年美国经济状况恶化，个人消费开支、住房市场疲软，美国面临通胀上升压力。

（2）美国次贷危机让美国金融业遭受重创，独立投行模式覆灭。贝尔斯登和雷曼兄弟申请破产；美林证券宣告被美国银行收购；高盛、摩根士丹利成为银行控股公司。

4.5　案例要点

（1）通过案例分析要了解金融风险管理是一种全面的管理职能，用以对某一个金融机构的风险进行识别、评价和处理。应用金融风险管理的基本知识，分析贝尔斯登毁灭过程中的风险及其风险管理措施，并将这些程序活学活用才是解决问题的根本。

（2）必须具体问题具体分析。

4.6　建议课堂计划

贝尔斯登投资银行的毁灭案例可以作为专门的案例讨论课进行。

整个案例课的课堂时间控制在 1 个课时。

课前计划：教师提前布置题目，学生课下查找相关文献，提出启发思考题，完成阅读和初步思考。

课中计划：教师简要介绍案例发生的背景，导入案例，明确主题（2~5 分钟）；

按照思考题，将全班分成 3~6 组讨论（10 分钟）；

告知发言要求，小组发言（每组 4 分钟左右，控制在 25 分钟）；

引导全班进一步讨论，并进行归纳总结（5~8 分钟）。

课后计划：学生上网搜索贝尔斯登企业的相关信息资料，根据案例的特点，提出具体的金融风险管理措施。

5　其他需要注明的事项

根据学生是否了解次贷危机及案例中出现的金融衍生品，确定是否播放视频短片。

私募股权融资方案设计与风险控制
——以广汇公司为例

王重润　赵光辉

摘　要： 最近几年，河北省内出现了一些民间企业由于融资困难、资金缺乏最终导致企业倒闭的不良现象。这些问题困扰着数不胜数的企业，尤其是在如今这种动荡的经济情况下，实力不济的中小企业，更是如大风浪中漂泊的小船，极其不稳定，随时都可能面临着资金链断裂的问题。但是传统的融资途径，比如从银行借款，或者企业内源性融资等，已经不能满足这些企业对资金的需求。而且对于发行债券或者上市融资这些方法，大多数企业又由于本身的条件不足，无法达到国家所规定的条件。确实，近几年随着经济的发展，我国的民间资本已经充裕起来，这些民间资本可以短暂地帮助企业渡过难关，但民间资本具有一系列比如缺乏限制、成本过高等缺点，也不能成为企业解决资金问题的主要办法，这时凸显出了私募股权融资这种方式。

私募股权融资指的是企业在还没有上市的时候，用一部分股权或者准股权通过私下募集的形式融资的方式。这种融资方式是一种直接融资，具有直接融资效率高、成本低的优点，而且在引进资金的同时，也会给企业带来先进的管理理念和制度。私募股权投资人的关注点和其他金融机构不一样，他们更关注企业未来发展的潜力，这更给了一些企业以机会，使资金的供求双方找到了更好的默契点，私募股权融资成为了资本市场上的一支生力军。但由于私募股权融资在我国发展时间较短，具有较少的实践经验，并且缺少相关的管理和中介机构，所以和国外发达资本市场相比，我国在发展过程中必然会遇到一些困难与问题，风险与机遇并存，如何更好更快地让这一融资方式在我国发展起来，让其更好地为我国的经济建设添砖加瓦，正是本文所需研究的目标。本文采用案例分析的方法，首先介绍了私募股权融资的优势与风险，再以广汇公司为例，深入分析广汇公司私募股权融资的情况和风险，以实践案例对整个过程进行决策分析，最后总结风险，以加强对私募股权融资的认识，并结合这些对我国的企业如何运用私募股权融资提出建议与对策，希望可以对我国私募股权融资做出一定的贡献。

关键词：私募股权融资；融资流程；融资风险

0 引 言

综观全球经济形势，自从 2012 年欧债危机以来，欧洲大陆经济已经陷入泥潭，而美国的经济也未从当年的经济危机中完全走出来，整个发达国家的金融体系濒临崩溃的边缘，整体出现了衰退的痕迹。但像中国和印度、巴西这些发展中的制造大国，因为对于发达国家的经济金融情况依赖性很高，所以随着发达国家的经济疲软，发展也受到了很大的限制。我国现在还是处于一个出口大国的地位，部分经济收入来源于对发达国家的出口经济，随着发达国家消费能力的衰退，对外贸易严重缩水，致使我国的经济发展受限，大批的中小企业开始进入困难时期，更有甚者开始倒闭。一方面，我国的大部分受到影响的企业，主要是融资能力较差的中小型企业；另一方面，据国家统计局的数据表明，我国现在的中小企业保守估计有 1100 万家，占我国整体实业的九成之多，这些中小企业为我国解决了近八成的就业岗位，并且每年为国家创造了数以亿计的税收，所以这些企业是我国在发展与建设当中的主力军，具有至关重要的作用。但是，随着近些年经济形势的变化，这些企业的生存举步维艰，尤其是在他们需要大量的资金支持时，在融资方面已经不能满足现在经济形势下的企业发展。所以，当今急需要一种新的融资方式来满足这些企业急需解决的资金问题。

近些年来，随着我国经济的蓬勃发展，资本市场也在不断地丰富和完善，我国企业的融资方式已经不单单是通过银行贷款等几种间接融资，一些新的融资方式逐渐在资本市场上崭露头角，比如场外交易市场等方式。这些丰富的融资渠道使企业不必一定要通过主板上市这一渠道融资，而一些没有上市的优秀的企业，它们的市场价值和相同行业的上市企业相差无几。这些企业如果需要融资则可以通过私募股权融资方式，因为虽然它们没有上市，但通过私募股权融资的渠道，企业进行融资、投资者的投资和退出方式都很灵活。虽然我国的私募股权市场和发达国家相比具有一定的差距，但近些年来我国证监会已经加大了对这方面的重视。在 2015 年初召开的全国证券期货监管工作会议上，中国证券监督管理委员会就已经提出了要加快私募股权市场和新三板市场的发展，并且明确表示要实施股票发行注册制。由于这些政策的支持，一些优秀企业上市的条件被逐渐放宽，这样私募股权融资会为融资企业提供更好的服务。本文主要以广汇公司为案例，结合广汇公司的各种情况分析企业在私募股权融资的过程中应制定的各种策略。

1 正 文

1.1 广汇公司基本情况

1.1.1 广汇公司股权结构

广汇公司所在地位于河北省冀州市，成立于 2010 年 9 月 20 日，注册资本为 7000 万元，其经营范围主要是碳素及石墨制品的研制、开发、生产及销售。公司目前实际从事的主营业务是为矿热炉冶炼工业硅、铁合金、电石、黄磷、钛合金等提供专业的碳素制品，主要产品为金属或非金属冶炼矿热炉用炭电极（见图 1）。其炭电极产品的销售收入占营业收入的 85% 以上。广汇公司现已具备较为完善的组织结构，如图 2 所示。

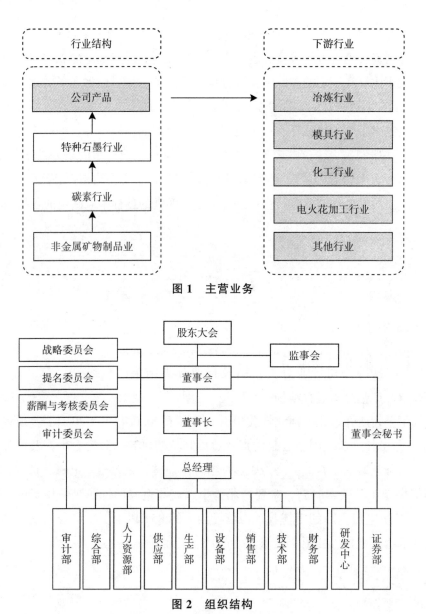

图 1　主营业务

图 2　组织结构

如图 3 所示，公司董事长直接持有公司 50.38% 的股份，是公司的控股股东和实际控制人。三家其他资本控制 19.99% 的股份。其他主要股东包括 ××× 等 12 名自然人股东，持有广汇公司 29.63% 的股权。

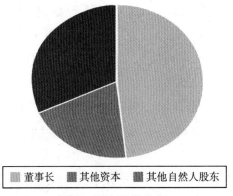

董事长　其他资本　其他自然人股东

图 3　股东持股比例

1.1.2　广汇公司行业及市场分析

广汇公司所属行业：根据中国证监会《上市公司行业分类指引》（2012年修订），公司所处行业为"制造业（C）—非金属矿物制造业（C30）"；根据《国民经济行业分类》（GB/T4754–2011），公司行业归属于石墨及碳素制品制造（分类代码C3091）。根据全国中小企业股份转让系统有限责任公司2015年3月颁布的《关于发布挂牌公司行业分类指引及行业分类结果的公告》（股转系统公告〔2015〕23号），公司管理型行业分类属于C3091"石墨及碳素制品制造"；投资型行业分类属于111101411"先进结构材料"。广汇公司所在的行业属于石墨及碳素制品业。近年来，国务院和国家各部委均出台了许多行业政策来扶持该行业的发展。从2007年的《高技术产业发展"十一五"规划》到2011年的《中国国民经济和社会发展"十二五"规划纲要》，多项行业政策的出台在财税、研发、人才、投融资等方面对行业的发展起到了很大促进作用。石墨及碳素制品业的发展很大程度上与这些行业政策的支持密切相关。

目前，我国正处在工业化转型和城镇化发展进程中，有色金属、电子、机械、化工、核能、航空航天等国民经济各部门的持续、快速发展和产业结构的优化升级不仅对碳素制品数量的需求与日俱增，也对碳素制品的品种和质量提出了更高要求。我国碳素制品行业发展过程中，一方面，低端产品如普通功率石墨电极、铝用阳极和普通阴极炭块等产能过剩，市场供大于求；另一方面，高技术含量、高附加值的产品，如大规格、大功率炭电极、核石墨、航空航天用石墨和各领域用特种石墨及炭复合材料等又有相当数量的缺口。我们有理由相信，随着国家工业的改革发展，广汇公司会逐渐成为行业内的龙头企业。理由如下：

1.1.2.1 国家节能减排政策促进炭电极行业快速发展

2014年5月，国务院办公厅印发《2014~2015年节能减排低碳发展行动方案》，方案明确提出了单位国内生产总值（GDP）能耗和二氧化碳排放量降低、主要污染物排放总量减少的约束性目标，但2011~2013年部分指标完成情况落后于时间进度要求，形势十分严峻。为确保全面完成"十二五"节能减排降碳目标，应积极化解产能严重过剩矛盾，加快发展低能耗低排放产业，加快更新改造燃煤锅炉。

2015年3月，国务院发布《关于加强节能标准化工作的意见》，要充分发挥市场在资源配置中的决定性作用，更好发挥政府作用，创新节能标准化管理机制，健全节能标准体系，强化节能标准实施与监督，有效支撑国家节能减排和产业结构升级。到2020年，建成指标先进、符合国情的节能标准体系，主要高耗能行业实现能耗限额标准全覆盖，80%以上的能效指标达到国际先进水平，标准国际化水平明显提升。形成节能标准有效实施与监督的工作体系，产业政策与节能标准的结合更加紧密。

目前，广汇公司碳素制品生产能量系统优化项目被评为"国家发改委2010年节能技术改造财政奖励项目"，广汇公司被评为"2011年财政部重大科技成果转化项目支持单位"，公司设立的碳素研发中心于2011年10月被河北省科技厅等七部门认定为省级企业技术中心。公司先后投资实施了工业炉窑脱硫减排、工业炉窑煤气改天然气和碳素制品生产能量系统优化等项目，不仅杜绝了生产过程中SO_2的排放，大大降低了CO_2的排放，而且单位产品的能源消耗量远远低于国家规定的标准。

1.1.2.2 下游工业硅企业的发展需要

工业硅是电子信息、新能源、新材料产业最基础的功能性材料，被誉为"魔术金属""工业味精"，以其为基础衍生的工业产品品种繁多。工业硅广泛应用于硅合金、有机硅材料、光伏产业及半导体材料，涉及新能源、新材料、国防及航天飞行器材、汽车、医药、日用品等方面，在我国国民经济中占有极其重要的地位。

我国的工业硅行业经过几十年的发展，目前产能、产量和出口量均居世界首位，年出口量已达到发达国家总消费量的一半以上。2006~2010年，我国工业硅产量年复合增长率达到22.91%，2011年产量为136万吨，同比增长15.2%，根据国家产业政策，我国已开始淘汰 6300kVA 以下的小炉，2012 年同比下降 16.3%，随着国家政策的严格执行，2013 年同比增长 28.3%，主要原因为新增产能（约 30 万吨）逐步释放，2014 年产量突破 188 万吨，同比增长 29.65%。

我国为了促进工业硅行业产业升级、保护环境、节能降耗，一方面推行行业准入制度，另一方面提高电价，逐渐取消了出口退税、调增出口关税。目前，一些小容量工业硅矿热炉被强制关停，一些技术落后、能耗高且无资金实力的企业在市场竞争的作用下逐渐退出该行业，国内工业硅发展将更加健康有序。

1.1.2.3 经济发展带动行业发展

在"十二五"期间，我国 GDP 年均增长率基本保持在 7% 以上。在如此经济形势下，广汇公司的下游企业也随着国家发展形势进一步的发展，这样必然推动了炭电极行业的发展。

1.1.3 广汇公司的竞争态势分析

炭电极作为一种新型的环保节能材料，在近些年的发展中，早期参与此行业的企业已经具有了一定的规模，现在我国的炭电极在工业硅冶炼行业的应用已经达到了领先水平。目前我国炭电极行业集中度很高，主要的公司包括河北 S 公司、河北广汇公司、焦作 D 公司、山西 S 公司。其中，河北 S 公司年产量 4.55 万吨、河北广汇公司 2.36 万吨、焦作 D 公司 1.59 万吨、山西 S 公司 1.58 万吨。

在国际上，生产炭电极目前规模较大的企业主要是德国西格里集团（SGR Group—The Carbon Company），其生产炭电极的技术工艺水平一直处于行业领先地位。电煅无烟煤是生产炭电极的主要原料，它由优质无烟煤经高温煅烧而成，我国是世界上优质无烟煤的主要生产基地，储量丰富，国外各炭电极生产企业大多从我国进口无烟煤。受电煅无烟煤相关原材料来源等因素限制和近年来我国炭电极行业迅速发展的冲击，国外一些炭电极企业现已退出炭电极生产，如原美国 UCAR 国际有限公司（现美国石墨技术公司）。

综合国内外的其他竞争企业看，我国炭电极企业已经从最开始的追求量到现在的追求质，因为近些年国内对污染治理的重拳出击，众多环保不合格的中小企业已经被淘汰，剩下的企业未来必然会有一定的发展，并且基本上剩下的几大企业会对国内的市场进行瓜分，最终形成几足鼎立的情况。

1.1.4 广汇公司的商业模式

1.1.4.1 广汇公司的主要产品介绍

广汇公司主要产品为金属或非金属冶炼矿热炉用炭电极。同时，为了增加生产过程中工业炉窑炉室的填充系数，充分利用焙烧炭电极产品之间的间隙，节能降耗，节约成本，广汇公司还生产部分铝电解槽用高品质阴极炭块。报告期内，广汇公司炭电极产品销售收入占营业收入的比例均在85%以上。2014年，广汇公司根据下游行业市场需求，推出新产品细颗粒石墨产品。如图4所示。

产品名称	主要产品图片	产品用途
炭电极		在工业硅、铁合金、电石、黄磷等金属或非金属冶炼用矿热炉中作为导电电极
阴极炭块		作为铝电解槽的阴极和内衬
细颗粒石墨化产品		主要用作化工行业传热设备、传质设备和防腐设备，如石墨热交换器和耐压耐腐蚀容器、反应釜及耐腐蚀泵、管和其他部件

图4 主要产品

1.1.4.2 广汇公司的核心技术及优势

广汇公司通过不断自主研发和技术创新，拥有碳素制品生产各个环节的核心技术，广汇公司对产品的核心技术拥有完全的知识产权。广汇公司的产品生产技术水平已臻成熟，处于国际先进水平。

广汇公司炭电极和阴极炭块的生产过程包括十几道工序，生产过程中，物料和产品发生物理、化学、机械应力和热应力等变化，生产工艺条件复杂，技术含量很高。另外，广汇公司产品生产周期长达2~3个月，产品单重2~7吨，使用的都是大型设备。只有工艺技术条件与能保证工艺条件控制要求的配套设备相结合，才能生产出优质产品。因此，精准的工艺条件控制技术和高技术含量的工装是公司碳素制品生产技术的核心。

广汇公司关键生产工序的核心技术情况如表1所示。

表1 核心技术情况

关键工序	核心技术	阶段	技术水平
原料制备	生制品原料制备控制技术	批量生产	国际先进
	雷蒙磨和双腔回转式破碎机等国内先进设备应用技术	批量生产	国内先进
配料	生制品原料配比组合技术	批量生产	国际先进
	微机控制自动配料系统	批量生产	国际领先
如热、混捏、凉料	混捏凉料工艺条件控制技术	批量生产	国际先进
	集加热、混捏、凉料功能于一体的强力混捏机及其应用技术	批量生产	国际先进
成型	振动成型工艺条件控制技术	批量生产	国内领先
	立振抽真空双向加压成型机及其应用技术	批量生产	国际先进
	炭电极卧式振动抽真空成型工艺	批量生产	国际先进
焙烧	节能环保的环式焙烧炉及配套焙烧温度曲线、负压制度技术条件控制	批量生产	国际先进
	焙烧智能调温控制设备及焙烧微机智能调控应用技术	批量生产	国际先进
	石墨化、半石墨化大规模炭电极生产技术	批量生产	国际先进
机加工	产品机械加工工艺条件和配合控制技术	批量生产	国际先进
	数控组合加工机床及其应用技术	批量生产	国际先进

广汇公司产品的优势如下：

（1）炭电极替代石墨电极的优势。

1）降低能耗、节约能源。石墨电极在生产过程中需要将焙烧品加热至2500~3000℃高温进行石墨化，石墨化一吨电极消耗4000余度电能，还消耗大量的冷却水。炭电极是将原料经破碎、筛分、混捏、成型、焙烧，机加工后而制成产品，无石墨化工序，因此使用炭电极可以极大地降低电耗、节约能源，同时也符合国家节能环保的政策方向。

2）大规格电极能大幅提高经济效益。一般来说，由于生产工艺的差异，石墨电极的直径大多在700毫米以下，而炭电极的直径可达1400毫米。电极直径加大后，扩大了电极底面的有效熔炼范围，可以减少电炉的干烧，大大节约电能，并保持电炉有较长时间的稳产、高质、低耗，大幅提高经济效益。

3）成本更低、性价比高。生产石墨电极工艺流程长，石墨化耗电量大，因此价格也较高。而炭电极无须石墨化，生产成本及价格相对石墨电极更便宜，使用炭电极更经济。在吨产品电极消耗量基本相同的情况下，炭电极价格相当于石墨电极的 2/3 左右。

（2）炭电极替代自焙电极的优势。

1）减少污染物排放。自焙电极是把电极糊装入已安装在矿热炉上的电极壳内，在矿热炉生产过程中依靠电流通过时产生的热效应和炉内传导热，自行烧结焦化，这种电极可连续使用，边使用、边接长、边烧结成型。电极糊在炉内焙烧时冒出大量沥青烟气，严重污染环境和人体健康。炭电极在使用时无自焙过程，不存在沥青挥发，更节能环保。

2）能源消耗小、冶炼效率高。由电极糊焙烧而成的自焙电极电阻率较大，允许电流密度较低，单位产品耗电量较大，而且电极糊烧结成自焙电极时需要通电产生热量才能够完成，这样就增加了电能的消耗。炭电极相对于自焙电极来说，电阻率低，电极自耗小，节电近 30%。同时，炭电极密度高、灰分低、抗氧化性好，可以提高矿热炉热效率及单位时间产量，缩短冶炼时间。

3）生产过程更安全。自焙电极的物理性能较低，当电极糊质量不稳或冶炼操作不当时，自焙电极容易发生断裂事故（"软断"或"硬断"）。而炭电极抵抗热应力、防止电极断裂的性能优于自焙电极，不存在软断事故。

1.1.4.3　广汇公司的采购生产模式

广汇公司在行业内经过多年的摸索和实践，已经形成一套成熟的供应商选择标准和流程，建立了完善采购管理制度和供应商管理制度，并合理选择供应商，培育合作伙伴。广汇公司通常会与某些产品质量高、价格优惠、实力雄厚的合格供应商签订长期合作协议，确定其为广汇公司原材料主供应商，保证广汇公司的原材料供给平稳持续。同时，为防止出现过度的主供应商依赖，会挑选除主供应商以外的合格供应商作为备选供应商。广汇公司从主供应商处大量采购，同时从备选供应商处进行小量采购，从而减小由主供应商带来的原材料供应风险。

在生产模式上，广汇公司的炭电极产品的直径规格需要与下游客户矿热炉的容量相匹配，广汇公司每年根据下游客户炉型和需求量制定各种规格炭电极的年度生产计划，销售人员对客户提供售后服务并进行长期跟踪，同时每月向公司提供客户不同炉型对炭电极的需求和开炉情况，公司结合销售人员的反馈信息和在产品、产成品数量对生产计划及时进行调整，以保证下游客户不同炉型对产品的需求。近年来，由于炭电极产品需求量增长较快，为满足广汇公司长期可持续发展，广汇公司建造的焙烧炉完工，用于生产大直径碳电极，减少了以往委托外焙。同时，广汇公司根据客户需求，也生产一部分石墨化炭电极，石墨化炭电极需要石墨化工艺加工处理，该工艺由公司委托其他公司对焙烧产品进行石墨化处理。

1.1.4.4 广汇公司的营销策略

在销售渠道方面，广汇公司产品国内外销售采取直销为主的方式。公司针对不同产品制定了不同的信用政策。对于炭电极产品，对部分与广汇公司保持长期合作关系，需求量大、信用好的部分客户给予一定的信用期；对于阴极炭块产品，由于没有单独的生产线，产量不大，仅保留部分与广汇公司业务往来密切的销售大户，以降低应收账款的总量。

在广告宣传方面，广汇公司与本行业内一些知名大型媒体均有合作，并且计划与中央电视台等全国性主流媒体合作，并进行专题访问，进一步提高公司的形象。

未来，广汇公司将尝试以直销、经销相结合的模式，选择区域辐射能力强、承销实力好的经销商进行产品的销售，从而扩大销售渠道、降低销售成本、提高销售效率。

1.1.5 广汇公司的财务状况分析

表 2 资产负债表主要数据

单位：元

项目	2013 年	2014 年	2015 年
负债合计	349371702.05	366422984.54	359393761.75
所有者权益合计	132662100.13	147590987.20	152683006.43
资产总计	482065337.91	513382844.39	513682978.23

广汇公司的主要资产由流动资产和固定资产组成，最近三年的公司资本结构没有发生重大的变化，但由表 2 的数据来看，广汇公司的资产负债率一直持续在一个比较高的水平。三年的资产负债率依次是 72.9%、71.3%、69.9%，但由整个

趋势看逐渐降低，可见广汇公司正在整理公司财务。并且，在广汇公司的发展中，贷款比例较高，其主要原因是企业生产一直是垫资生产，先货后款，并且下游企业还款不及时，造成了一定的资金空缺，企业为了正常生产只能借助于外部资金。这种融资方式虽然解决了广汇公司的燃眉之急，但缺点也很明显的，就是成本上升最终增加了财务费用。负债在 2014 年达到了最高值，广汇公司可能意识到了这样会导致公司的短期偿债能力不足，并且还债压力比较大，所以这一数值在 2015 年开始下降，主要是广汇公司开始采取减少债务融资、增加股权融资的方式，并且归还了一部分银行贷款，广汇公司支持私募股权融资这种发展方式，更好地实现了自身的进一步发展。

表 3 利润表主要数据

单位：元

项目	2013 年	2014 年	2015 年
主营业务收入	163925703.09	219926810.26	192937605
主营业务利润	9066354.06	14907075.49	15495055.1
净利润	9450614.76	14928887.07	15276057.7

由表 3 可以看到，广汇公司的主营业务利润、净利润均呈逐年增长趋势，净利润由 2013 年的 945 万元到 2015 年的 1527 万元，这是公司融资以后规模扩大所产生的结果，但由于偿还银行贷款会影响净利润，所以广汇公司正致力于由负债融资转向私募股权融资，如表 4 所示。

表 4 未来三年财务预测

单位：元

项目	2017 年	2018 年	2019 年
一、主营业务收入	300000000	600000000	1200000000
减：主营业务成本	150000000	300000000	600000000
主营业务税金及附加	3000000	6000000	12000000
二、主营业务利润	147000000	294000000	588000000
减：管理费用	54000000	84000000	168000000
销售费用	50000000	80000000	150000000
财务费用	6000000	12000000	24000000

项目	2017 年	2018 年	2019 年
三、营业利润	37000000	118000000	246000000
减：所得税	5550000	17700000	36900000
四、净利润	31450000	100300000	209100000

随着近几年国家提倡节能环保理念，一些实力或资质不足的小型企业势必会被淘汰，广汇公司已经完成环保设备引进和改造，适应国家大趋势发展，所以广汇公司的收入将保持平稳增长。同时，广汇公司的产能将会得到有效释放，并且正在对目前的负债以及之前的呆账坏账进行处理。现在，广汇公司的主要目标是更好更快的生产，搭上国家高速发展的这一辆快车。

1.1.6　广汇公司私募股权融资的目的

广汇公司通过进行股权私募融资 3000 万元，主要是为了解决流动资金短缺的问题，使得广汇公司可以更好地扩大生产，释放更多的产能，并且改善公司的资产结构，使得整个生产成本降低，提高广汇公司产品在市场的竞争力；同时，引进了私募股权融资，相当于引进了一批专业的经营管理人员，因为私募股权投资者有着丰富的投资经验和专业能力，可以对广汇公司在生产经营的过程中进行专业的指导，并且帮助广汇公司完善其本身的管理制度；还有一点是私募股权投资者大多数都具有广阔的人脉资源和丰富的社会资源，他们可以帮助投资公司更好地开展业务，使得广汇公司的发展进一步提速。因为投资方和被投资方都拥有一个统一的目的，就是使得广汇公司的价值最大化，所以都会竭尽所能地帮助广汇公司去更好更快的发展，进而帮其提高自身的价值。

1.2　广汇公司融资方案设计

2015 年，广汇公司的主营业务收入达到了 19293.76 万元，净利润达到了 1527 万元。在这样的业绩下，广汇公司有了对上市的渴望，尤其是创业板的推出，为中小企业提供了融资平台，并且方便了私募股权基金的退出。广汇公司计划进行 PRE-IPO 的私募股权融资 3000 万元。主要是缓解广汇公司的流动资金短缺的压力，同时能帮助广汇公司更快的上市。

对广汇公司感兴趣的一共有三家投资机构，但由于广汇公司的管理层缺乏私募股权融资的相关经验，所以广汇公司聘请专业的第三方机构 A 帮助选择投资机构，在整个过程当中广汇公司把投资方估价的高低和投资方本身的实力作为选择的重要标准。经过与 A 公司的商讨，广汇公司最终选择了 B 基金作为 PE 投资者。通过与 A 公司和 B 基金的协商，应采用同业二级市场市盈率作为企业估价的方法，因为现在国内有几家和广汇公司规模相当且已经上市的企业，这样可以更好地对 R 企业价值进行估算。

1.2.1　广汇公司私募股权融资相关条款设计

1.2.1.1　增资条款

以 B 基金为例，在 B 基金投资之前，广汇公司的全部注册资金为 7000 万元，公司董事长直接持有公司 50.38% 的股份，是公司的控股股东和实际控制人。三家其他资本控制 19.99% 的股份。其他主要股东包括 ××× 等 12 名自然人股东持有广汇公司 29.63% 的股权。在各方面达成一致后，对广汇公司的市场估值进行确认，由 B 基金出资认购广汇公司 10% 的股权，此时公司董事长持有 45% 的股份，仍然是广汇公司的控股股东和实际控制人，其他两方按照比例分别占 18% 和 27%。本次增资完成后，广汇公司的股权结构如表 5 所示。

表 5　广汇公司的股权结构

股东名称	持股比例（%）	出资方式
董事长	45	货币+知识产权
其他资本	18	货币
B 基金	10	货币
其余 12 名自然人	27	货币+知识产权
合计	100	

1.2.1.2　对赌协议

在 B 基金与广汇公司签订一系列基本条款的情况下，还可以与广汇公司签一个对赌协议，这个协议可以有效地预防在整个投资过程中，广汇公司价值被高估的风险，条款如下：

（1）广汇公司与其所有原股东承诺，在 B 基金的资金到位接下来的三个会计年度，其净利润增长率依次为 100%、80%、60%（允许在 10% 的范围内浮动），以上数据都要经过会计师事务所进行审查核实。

（2）如果广汇公司在接下来的三年内未达到第一条规定的内容，那么广汇公司必须从当个会计年度的股东权益收益里面拿出一部分净利润，对 B 基金公司进行补偿，补偿金额 =（当年应完成净利润 – 实际净利润）/ 当年应完成净利润 × 初始融资金额。

（3）如果在一个会计年度内广汇公司的净利润超过了目标净利润的 10% 以上，那么超过当年净利润的部分的 10% 可以当做奖金发放给广汇公司的管理人员。

（4）如果广汇公司未按照计划，按时向中国证监会申请首次发行股票并上市，则在规定期限内，广汇公司需回购投资方 B 基金的股权。

1.2.2　资金用途

表 6　广汇公司本次融资资金的主要用途

资金比例（%）	使用用途
70	用于企业的日常生产经营
20	投入到新型环保产品的研发
10	偿还之前的债务

首先，这部分资金毋庸置疑地需要尽快投入到生产中，在时间就是金钱的时代，企业每停产一天，不只是收入的减少，还有许多的成本，长期的停产更会对企业造成一系列负担，所以让企业尽快地恢复生产是当务之急。所以其融资的 70% 要投入到生产当中。而且时代的变化日新月异，尤其是近些年来雾霾席卷了北方大地，作为北方的企业，都在集中整治转型中，所以为了顺应时代的发展，顺应国家经济政策的大形势，企业要不断创新，因为没有创新能力的企业是没有未来的，所以 20% 的资金要投入到新的产品开发中。10% 的资金要偿还之前的债务，这是因为如上文所说，广汇公司盲目扩建企业规模，同时背负了一部分银行贷款，银行贷款会给企业带来很大的财务压力，所以能尽早地把债务还上对企业未来发展是有利的。

1.2.3　广汇公司股权融资风险规避

1.2.3.1　私募股权融资的中介机构选择的风险

一个好的中介机构在私募股权融资的过程当中具有不可或缺的作用，因为无论是融资方还是投资方，大多数都是通过中介机构认识的，这就产生了明显的信息不对称问题，双方都要考虑对方是否是一个合格的合作伙伴，因为大家都想与优质的企业合作，而中介机构在这其中起到信息沟通的桥梁作用，所以一个好的中介机构更能促使合作的成功，反之将会使双方做一些无用功。首先，中介机构要做的是，尽可能地让参与双方形成对称的信息，进而公布一部分双方的具体内容，让社会大众更好地参与进来。其次，一个好的中介机构可以使整个融资过程更高效，使得融资成本降低，因为中介机构一般都会对参与融资的双方进行审核，节省了双方对对方资质的审核时间，同时还可以给投资人一些客观公正的建议，使得整个过程更快更好的完成。最后，整个融资过程必然少不了一些其他机构的参与，如会计师事务所等。

现在我国私募股权融资发展受限的原因之一是中介机构市场不规范，许多资质参差不齐的中介机构都参与进来，导致市场混乱。若广汇公司通过不正规的中介机构引进一些不合格的私募投资人，对其发展反而百害而无一利。中介机构依赖的是整个大环境，只有当市场的体系健全和管理完善时，才能使得整个市场的中介机构更规范。

那么广汇公司在私募股权融资过程中应该如何规避这种风险？首先在选择中介机构的时候，应该对其资质和实力进行一定的调查，确保该中介机构是正规且具有足够实力的机构。同时，可以参考同地区其他企业私募股权融资的成功案例，参考其选择的中介公司。而且不能盲目听信中介机构的承诺，被许多优异的条件迷惑双眼，整个选择过程中要时刻保持客观性，一旦发现异常的地方，应立即引起警觉。

1.2.3.2 私募股权投资基金的选择风险

在广汇公司挑选私募股权投资基金时，需要对其资格进行审核，一些优秀的、老牌的、资金雄厚的投资基金当然是最好的选择，但现在市场上有一些不具备私募股权投资基金资质或者名不见经传的公司也打着私募股权投资的招牌招摇撞骗。它们对企业的投资门槛很低，甚至没有门槛。这样的投资基金往往专业性和稳定性都很差。所以需要企业擦亮眼睛去挑选合格的投资基金。

那么广汇公司在选择私募股权投资基金的时候应该如何规避这种风险？首先选择投资基金时要选择市场上口碑好、实力强的，因为和它们合作基本不会有什么风险。其次要关注它们的投资门槛，一般正常投资基金的投资门槛普遍不低，最低大概在200万元左右，而一些大型公司可能会更高。所以，选择一个靠谱的投资基金对于一个企业来说也是大事，因为大型的投资基金无论是从管理的时间还是团队来说，都已经有了成熟的体系和擅长的领域，所以更有保障。

1.2.3.3 引入私募股权投资者产生的控制权稀释风险

一般企业引入股权融资时都会考虑股权稀释问题，但私募股权投资者的目的往往都很简单，是为了获得财务回报。而对于广汇公司来说，引入私募股权融资是为了获得资金，并不想把企业控制权交出去，虽然会交出去一部分股权，但这部分稀释的股权并不会对广汇公司的运营产生实质性的影响，而且私募股权融资者并不是为了获得公司的控制权，所以广汇公司大可不必担心这些问题。和其他融资方式不同的是，企业通过股权融资获得的资金并不需要负担多余的利息压力，而且企业引入股权融资的同时能获得投资基金在公司管理和技术上的支持，这些都有利于广汇公司在未来的发展中走得更快，还可以获得投资方的人脉等社会资源。而且既然引入股权融资，广汇公司一定会对可能造成的控制权稀释问题有一定的准备。但还是有一种可能的风险，就是有些投资基金公司串通广汇公司的竞争对手，参与到广汇公司的经营中并且恶意对公司进行不正当的操作。

所以广汇公司在进行股权融资之前，首先应谨慎选择靠谱的私募股权投资者，在这个基础上再考虑出让适当的股份，保证企业的控制权仍然掌握在企业的原股东手中，使得私募股权投资者仅仅只是一个出谋划策的角色，并不能做出最后的决定。并且广汇公司应该通过交叉持股等其他方式防止稀释公司控制权的风险。

1.2.3.4 选择投资对象的回报率风险

广汇公司通过私募股权融资所获得的资金主要用在产品的生产上，并没有打算用来开发新产品或者改进生产技术等，这就是广汇公司在投资过程中的机会成本。广汇公司的主要产品是石墨电极，生产过程中会造成一定的污染，考虑到近些年国内污染治理越发的严格，很可能会由于国家政策的规定而造成广汇公司短时的停产，对广汇公司按时完成订单和扩展市场造成一定的影响，进而影响广汇公司的正常投资回报率。

所以，广汇公司在对其主营业务进行扩展的同时，应该进行风险的评估和未来回报率的估计，应该在生产的同时改进生产技术，使得污染物排放尽可能地降到最低，并且严格控制各阶段的财务预算，尽可能地降低投资回报率风险。

1.2.3.5 广汇公司股权价值的确定风险

由于广汇公司并未在主板上市，所以私募股权投资方必然对广汇公司的股价信息不能完全估计，这有可能造成广汇公司股价的不准确，产生了投资方与融资方的博弈。私募股权投资机构作为投资方来说，必然会尽可能地压低广汇公司的股价。而广汇公司当然会找各种有利于自身的证据，尽可能地抬高自身股价。

此时广汇公司可以寻找第三方机构参与评估的过程，这样可以尽可能地缩小投资方与融资方心理预期的差价，同时评价一个企业应该用发展的眼光，这样，也能更好地解决股价估值偏低的问题。

2　思考题

（1）私募股权融资过程中需要注意哪些问题？

（2）私募股权融资适合哪些企业？

（3）根据以上材料，你认为广汇公司私募股权融资方案具有可行性吗？

3　案例使用说明

3.1　教学目标

了解私募股权融资的流程与特点，并能够进行融资方案的初步设计。

3.2　案例涉及的知识点

权益融资；私募与公募基金；资本结构；财务比率与报表分析；公司价值；风险。

3.3　案例分析思路

（1）引导学生查找资料，了解什么是股权私募基金，股权私募基金有什么特点和优缺点。

（2）组织学生讨论。基本思路：从私募基金的优缺点出发，结合广汇企业的产品、商业模式、财务状况，分析公司未来现金流变化能否补偿私募股权融资成本，以及对于私募股权融资的风险有充分的应对措施。

富国中证移动互联网指数分级证券投资基金向下折算案例

李吉栋

摘　要： 本案例介绍了分级基金的折算规则和折算流程，分析了投资者在折算期间的投资盈亏。以富国中证移动互联网指数分级证券投资基金为例，在分级基金下折期间，投资 B 份额的投资者有 40% 左右的亏损，而 A 份额投资者能获得超过 16% 的盈利。

关键词： 分级基金；折算；杠杆

0　引　言

2015 年上半年，中国股票市场经历了一场波澜壮阔的牛市行情。但到了 6 月下旬，市场突然风云变幻，在证监会严查场外配资的政策压力下，市场出现了一波又一波的踩踏行情，进而在 2015 年 7 月上旬演变为一场"股灾"。在股市的过山车行情中，分级基金的表现尤其引人注目。股市的快速下跌，一批分级基金因为触发了下折条款而进行折算。一些投资者由于对分级基金的折算条款不清楚，稀里糊涂地在下折期间购买了分级 B 而导致巨亏。本案例将以富国中证移动互联网指数分级证券投资基金（简称"富国移动互联网分级基金"）为样本，介绍分级基金的折算规则和折算流程，分析投资者在折算期间的投资盈亏。以期通过对分级基金折算事件的分析，研究市场情绪、投资杠杆等因素对分级基金定价的影响。

1 正 文

1.1 分级基金概述

1.1.1 分级基金基本原理

分级基金一般是按照基金产品分级理念，将普通的母基金份额分成低风险基金份额和高风险基金份额，投资者可以按照自己的风险偏好选择适合自己的基金品种进行投资。低风险份额一般称为优先份额或 A 份额，高风险份额一般称为进取份额或 B 份额，在基金收益分配顺序上，A 份额投资者拥有优先获取基金收益的权利。从本质上看，分级基金的 A 份额类似于债权，B 份额类似于股权，B 份额投资者通过向 A 份额投资者进行融资而获得更大的投资杠杆。A 份额投资者可以按照事先约定的收益率定期获得固定收益。A 份额和 B 份额子基金一般在二级市场公开交易，大部分母基金份额不上市交易，投资者可以对母基金进行申购或赎回。

分级基金的分级机制使得 B 份额获得了投资的杠杆，利用 B 份额的杠杆机制，投资者可以更加有效地管理投资组合的贝塔，即市场风险。分级基金的杠杆率主要受基金净值波动和两类份额比例设置的影响。

$$杠杆率 = \frac{基础份额净值}{基础份额净值 - 优先份额净值 \times 优先份额比例}$$

在分级基金成立日，每只分级基金会约定一个上市的份额配比，例如约定，A 类份额：B 类份额 = 4：6，则 B 类份额的初始杠杆就是 (4 + 6)/6 = 1.667，所以 A 类份额的占比越大，B 类份额的杠杆越大，这只是从理论上对杠杆的变化进行估值分析，在实际操作中，B 类份额还存在净值杠杆和价格杠杆，即

$$净值杠杆 = \frac{母基金净资产}{B 类份额净资产} = \frac{母基金净值}{B 类份额净值} \times 初始杠杆$$

$$价格杠杆 = \frac{母基金净资产}{B 类份额总市值} = \frac{母基金净值}{B 类份额价格} \times 初始杠杆$$
$$= \frac{净值杠杆}{1 + B 类份额的溢价率}$$

　　分级基金的母基金和两类子基金之间可以通过配对转换来实现基金定价的均衡。在场内市场，投资者可以按照一定比例将母基金分拆为 A 份额和 B 份额的子基金，也可以将持有的 A 份额和 B 份额子基金合并成母基金，如图 1 所示。这种配对转换机制可以保证 A 份额和 B 份额子基金的市场价格与母基金净值之间的均衡。如果这种均衡关系被打破，则市场出现套利机会。当市场出现整体性折价，则可以通过在场内买入 A 份额和 B 份额子基金，然后合并成母基金，再将母基金赎回的方式进行套利；如果市场出现整体性溢价，可以通过申购母基金，将母基金分拆，再将分拆后的子基金卖出的方式进行套利。

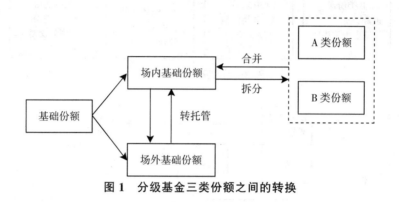

图 1　分级基金三类份额之间的转换

1.1.2　分级基金的折算机制

　　分级基金的份额折算包括定期折算和不定期折算。定期折算机制是按照招募说明书规定的日期和折算规则对基础份额净值、优先份额净值和进取份额净值进行折算，大部分分级基金会定期将 A 份额的收益进行分配，将投资收益转换成母基金份额分配给投资者，B 份额收益不进行定期分配。例如，如果 A 份额投资者持有 10000 份基金，基金约定年收益率为 5%，在定期折算日，A 份额的净值为 1.05，投资者将获得 500 份净值为 1 元的母基金份额。

　　分级基金的不定期折算是指随着基金净值变动，当母基金或 B 份额基金净值高于或低于约定阈值时，对基金份额进行的折算。不定期折算分向上折算和向下折算。当母基金或 B 份额净值高于折算阈值，B 份额杠杆变小，为了恢复 B 份额的初始杠杆，将子基金收益转换成母基金进行收益分配，三类基金净值都变为 1元，B 份额恢复到初始杠杆水平。当母基金或 B 份额子基金的净值低于折算阈值，B 份额基金已经不能对 A 份额基金提供足够的担保，这时通过对 B 份额子基金的数量进行缩减，使三类基金的净值都变为1元，B份额的杠杆变小。分级基金的向下折算流程和折算原理如图2和图3所示。

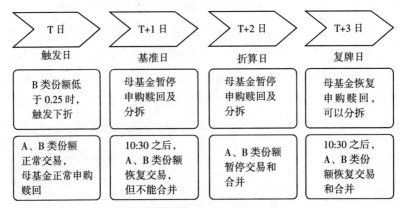

图2　分级基金下折流程

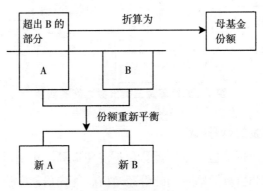

图3　分级基金向下折算原理

1.2　富国移动互联网分级基金基本情况

富国移动互联网分级基金的母基金是一个跟踪指数的被动型股票基金，所跟踪的指数为中证移动互联网指数（399970）。富国移动互联网分级基金的基金份额包括基础份额（即"母基金"）、稳健收益类份额（即"A份额"）与积极收益类份额（即"B份额"）。其中，A份额、B份额的基金份额配比始终保持1∶1的比例不变。A份额约定年基准收益率为"同期银行人民币一年期定期存款利率（税后）+3%"。

每年12月15日为基金份额定期折算基准日，定期份额折算后A份额的基金份额参考净值调整为 1 元，基金份额折算基准日折算前 A 份额的基金参考净值超出 1 元的部分将折算为母基金场内份额分配给 A 份额持有人。除以上定期份额折算外，基金还将在以下两种情况下进行不定期份额折算，即：当母基金份额净值高至 1.5 元或以上；当 B 份额的基金份额参考净值低至 0.25 元或以下。当母基金份额净值高至 1.5 元或以上，基金将分别对 A 份额、B 份额和母基金份额进行份额折算，折算后基金将确保 A 份额和 B 份额的比例为 1∶1，A 份额、B 份额和母基金份额净值均调整为 1 元。基金份额折算基准日前 A 份额、B 份额的参考净值超出 1 元的部分均折算为母基金份额分别分配给基金持有人。

当 B 份额的参考净值低至 0.25 元或以下，基金将分别对 A 份额、B 份额和母基金进行份额折算，折算后基金将确保 A 份额和 B 份额的比例为 1∶1，母基金净值、A 份额和 B 份额的参考净值均调整为 1 元。母基金和 B 份额的份额数将相应缩减。

1.3 富国移动互联网分级基金下折期间的指数及基金净值数据

2015 年 1~12 月，上证指数日 K 线图如图 4 所示。2015 年上半年，上证指数从 3000 点左右一路上涨，在 2015 年 6 月 12 日达到最高的 5178 点，之后开始下跌，到 2015 年 7 月 9 日达到最低点 3373 点，上证指数在不到一个月的时间里下跌了 1805 点左右，跌幅超过 35%。

图 4　上证指数日 K 线

富国移动互联网分级基金所跟踪的指数中证移动互联网指数（399970）在 2015 年 1~8 月的日 K 线图如图 5 所示。2015 年上半年，中证移动互联网指数从年初的 2100 点左右，上涨到 2015 年 6 月 5 日的 5449 点，在 6 月 12 日再次冲高到 5413 点之后，一路下跌，到 2015 年 7 月 9 日最低到达 2877 点，跌幅接近 50%。

图 5　中证移动互联网指数日 K 线

2015 年 6 月 12 日到 7 月 20 日富国移动互联网分级基金母基金、A 份额、B 份额的净值、价格及折溢价率见附录中表 2。由于 B 份额净值在 2015 年 7 月 7 日为 0.23 元，低于 0.25 元的阈值，因此触发向下折算条款，进入下折程序。

1.4　富国移动互联网分级基金下折期间的投资盈亏分析

1.4.1　富国移动互联网分级基金下折时间安排

2015 年 7 月 7 日，互联网 B 的净值低于 0.25 元触发下折机制，基金下折的时间安排如表 1 所示。

表 1　富国移动互联网分级基金下折时间安排

日期	T-1	T	T+1	T+2	T+3	T+4
		触发日	基准日	折算日	复牌日	
	7 月 6 日	7 月 7 日	7 月 8 日	7 月 9 日	7 月 10 日	7 月 13 日
互联网 B 净值	0.304	0.23	0.1978（1）	0.998	1.018	1.071
互联网 B 价格	0.567	0.51	0.459	0.459	1.098	1.208
互联网 A 净值	1.006	1.006	1.0065（1）	1	1	1.001
互联网 A 价格	0.845	0.861	0.775	0.775	0.9	0.814
母基金净值	0.655	0.618	1	0.999	1.009	1.036

分级基金在 7 月 8 日进行折算，B 份额的折算比例为 0.1978，即折算前的 5.06 个 B 份额子基金折算为 1 个净值为 1 元的 B 份额，投资者账户中 B 份额子基金的数量大幅减少，同时，A 份额也将按照相同的比例折算，5.06 个 A 份额折算成一个 A 份额，超过 1 元的部分折算成母基金分配给份额持有人。

1.4.2 富国移动互联网分级基金 B 份额交易的盈亏分析[①]

如果投资者在 B 份额下折前后进行买卖交易，其总盈亏不仅包括净值的损失，还包括杠杆带来的损失，一般情况下，净值的损失占很小的比重，以下将杠杆带来的损失作为一个观察量来分析它在下折时变动的影响因素。

假如投资者在下折触发日的前一天，也就是 7 月 6 日以 0.567 元的价格买入互联网 B，并在 7 月 13 日（折算后的第二个交易日）以 1.208 元的价格卖出，代入表 1 中的具体数据，可以求得每卖出 1 份互联网 B 的盈亏情况，我们用杠杆损失比率表示这个估值，即：

$$\text{杠杆损失比率} = \frac{\left(1.208 - 0.567 \times \dfrac{1}{0.198}\right) - \left(1.071 - 0.304 \times \dfrac{1}{0.1978}\right)}{0.567 \times \dfrac{1}{0.1978}}$$

$$= 41.61\%$$

1.4.3 富国移动互联网分级基金 A 份额交易的盈亏分析[②]

同样以该基金在 7 月 6 日发生的下折为例，假如投资者在互联网 B 下折触发日的前一天，也就是 7 月 6 日以 0.845 元的价格买入互联网 A，并在 7 月 13 日（折算后的第二个交易日）以 0.814 元的价格全部卖出，同时将分得的所有母基金全部赎回，代入表 1 中的具体数据，可以求得每卖出 1 份互联网 A 和相对应的母基金份额时，投资者的收益率为：

$$\text{收益率} = \frac{0.814 + \left(\dfrac{1}{0.1978} - 1\right) \times 1.036 \times (1 - 0.5\%) - 0.845 \times \dfrac{1}{0.1978}}{0.845 \times \dfrac{1}{0.1978}}$$

$$= 16.92\%$$

---

①② 张萌玉. 分级基金折算交易的盈亏分析 [D]. 河北经贸大学硕士学位论文，2016.

2 思考题

（1）分级基金为何要设置不定期折算条款？

（2）为何在分级基金向下折算期间，购买 A 份额的投资者获得异常的收益，而购买 B 份额的投资者遭受异常损失？

（3）在富国移动互联网分级基金触发下折之前，母基金和 B 份额的溢价率很高，这种高溢价率是否正常？为什么？

（4）在分级基金可能触发向下折算的情况下，A 份额和 B 份额应如何合理定价？

（5）为什么在折算后 B 份额的溢价率出现大幅度下降？

3 附　录

表2　母基金、A 份额、B 份额的净值、价格及折溢价率

日期	A 类净值	A 类价格	A 类溢价（%）	B 类净值	B 类价格	B 类溢价（%）	母基金净值	整体溢价（%）
2015/6/12	1.002	0.787	−21.457	1.098	1.278	16.393	1.050	−1.667
2015/6/15	1.003	0.789	−21.336	1.011	1.218	20.475	1.007	−0.348
2015/6/16	1.003	0.800	−20.239	0.929	1.127	21.313	0.966	−0.259
2015/6/17	1.003	0.795	−20.738	0.991	1.194	20.484	0.997	−0.251
2015/6/18	1.003	0.800	−20.239	0.885	1.112	25.650	0.944	1.271
2015/6/19	1.004	0.796	−20.717	0.784	1.020	30.102	0.894	1.566
2015/6/23	1.004	0.780	−22.311	0.802	1.059	32.045	0.903	1.827
2015/6/24	1.004	0.781	−22.211	0.806	1.064	32.010	0.905	1.934
2015/6/25	1.004	0.804	−19.920	0.700	0.994	42.000	0.852	5.516
2015/6/26	1.005	0.838	−16.617	0.563	0.895	58.970	0.784	10.523

续表

日期	A类净值	A类价格	A类溢价(%)	B类净值	B类价格	B类溢价(%)	母基金净值	整体溢价(%)
2015/6/29	1.005	0.850	−15.423	0.449	0.806	79.510	0.727	13.893
2015/6/30	1.005	0.791	−21.294	0.539	0.858	59.184	0.772	6.801
2015/7/1	1.005	0.808	−19.602	0.471	0.772	63.907	0.738	7.046
2015/7/2	1.006	0.803	−20.179	0.402	0.695	72.886	0.704	6.392
2015/7/3	1.006	0.821	−18.390	0.354	0.626	76.836	0.680	6.397
2015/7/6	1.006	0.845	−16.004	0.304	0.567	86.513	0.655	7.786
2015/7/7	1.006	0.861	−14.414	0.230	0.510	121.739	0.618	10.922
2015/7/8	1.000	0.775	−22.500	1.000	0.459	−54.100	1.000	−38.300
2015/7/9	1.000	0.775	−22.500	0.998	0.459	−54.008	0.999	−38.238
2015/7/10	1.000	0.900	−10.000	1.018	1.098	7.859	1.009	−0.991
2015/7/13	1.001	0.814	−18.681	1.071	1.208	12.792	1.036	−2.413
2015/7/14	1.001	0.830	−17.083	1.109	1.256	13.255	1.055	−1.137
2015/7/15	1.001	0.845	−15.584	0.987	1.130	14.488	0.994	−0.654
2015/7/16	1.001	0.861	−13.986	0.995	1.061	6.633	0.998	−3.707
2015/7/17	1.001	0.860	−14.086	1.119	1.167	4.290	1.060	−4.387
2015/7/20	1.002	0.854	−14.770	1.168	1.284	9.932	1.085	−1.475

资料来源：分级基金网。

4 案例使用说明

4.1 教学目标

（1）本案例主要适用于金融专业硕士《投资学》课程，也适用于《金融机构与市场》等课程。

（2）本案例的教学目的是通过分析股灾期间分级基金 A 份额和 B 份额投资者在下折期间的盈亏，分析异常盈亏产生的原因，进而研究分级基金在可能触发折算的情况下，分级基金 A 份额和 B 份额的合理定价。同时，通过对折算期间分级基金异常盈亏的分析，研究市场情绪、投资杠杆等因素对分级基金折溢价率的影响。

4.2 案例涉及的知识点

（1）分级基金的分级机制、配对转换与套利原理。

（2）分级基金的折算机制。

（3）永续年金债券定价原理。

（4）行为金融学期望理论。

4.3 案例分析思路

教师可以根据自己的教学目标（目的）灵活使用本案例。这里提出本案例的分析思路，仅供参考。

（1）在分级基金下折期间，购买 B 份额的投资者遭受异常亏损，显然是因为折算前 B 份额的定价过高。投资者在 B 份额上的损失主要来源于两部分，一部分是 B 份额价格上不合理的溢价，另一部分是 B 份额数量减少，从而导致溢价部分的损失。

（2）在市场出现快速下跌时，B 份额的杠杆会快速上升，而由于市场上的涨跌停板限制，会导致 B 份额出现被动的溢价率上升。

（3）在股灾期间，投资者预期市场随时会出现反弹，因此投资者倾向于选择持有杠杆率更高的 B 份额。

（4）由于之前持有 B 份额的投资者已经出现较大幅度的亏损，在这种情况下，投资者倾向于继续持有高杠杆的 B 份额，希望能够在市场反弹时快速回本。

（5）分级基金 A 份额可以看做一种没有期限的固定收益证券，如果不考虑不定期折算的因素，A 份额的价格应该等于其约定收益率除以市场平均的隐含收益率。

4.4 背景信息

2015 年 6 月 12 日沪指站上七年最高点：5178 点。2015 年 6 月 19 日，端午节前最后一个交易日，沪指再受重创，单日大跌 6.42%，收至 4500 点以下，两市近千只个股跌停，当周累计跌幅近 13%。2015 年 6 月 26 日，A 股跳空低开，沪指跌幅 7.4%，创业板当日下跌 8.9%，两市跌停个股逾两千只；三度暴跌后，市场情绪已经大幅转向。2015 年 6 月 26 日暴跌后次日，央行宣布自 6 月 28 日起，金融机构实施定向降准并降息 0.25 个百分点。2015 年 7 月 1 日，沪深交易所宣布下调市场交易费用，证监会放松两融限制。2015 年 7 月 3 日，证监会暗示减少 IPO 数量，确定中央汇金已入市操作。2015 年 7 月 4 日，监管层连出救市政策以挽救市场信心，包括：25 家公募基金积极申购偏股型基金；21 家证券公司出资不低于 1200 亿元投资蓝筹股；上交所和深交所共 28 家企业暂缓 IPO。2015 年 7 月 5 日，央行宣布给予证金公司流动性支持；中央汇金已买入开放型基金指数 ETF；中金所限制开仓；69 家公募基金积极响应。2015 年 7 月 6 日，周一开盘，救市政策并未奏效，在权重股护盘的情况下沪指高开低走，尾盘涨 2%，勉强守住 3700 点，当日港股跳水，恒指跌逾 3%。2015 年 7 月 8 日，除了权重股，A 股上市公司开始大面积的停牌，至 7 月 8 日收盘，两市共 1312 只股票停牌，占 A 股市场的 47.2%；未能停牌也未获资金力挺的股票绝大部分以跌停作结；当日 A 股再跌近 6%，收至 3500 点附近，恒指也大跌 5.84%，国内大宗商品全线收跌；前夜美股中概股大面积下跌；央行声明支持市场稳定守住风险底线。2015 年 7 月 9 日，在国家队大举入市买入小盘股股票之后，市场终于出现止跌并快速反弹，第一轮股灾宣告结束。

4.5 案例要点

（1）分级基金折算期间应如何合理定价。
（2）投资者对折算期间分级基金 B 份额不能给出合理定价的原因。

4.6 建议课堂计划

本案例可以作为专门的案例讨论课来进行。如下是按照时间进度提供的课堂计划建议，仅供参考。

整个案例课的课堂时间控制在 40~45 分钟。

课前计划：提出启发思考题，请学员在课前完成阅读和初步思考。

课中计划：简要的课堂前言，明确主题   （1~2 分钟）

分组讨论，告知发言要求   （15 分钟）

小组发言   （每组 5 分钟，控制在 20 分钟）

引导全班进一步讨论，并进行归纳总结（10~15 分钟）

中兴通讯：行业低潮期如何维持业绩

刘　颖

　　摘　要：2011~2013 年中兴通讯的业绩经历了"过山车式"的大反转。前期的亏损固然有外部大环境的原因，而公司战略决策的失误还是主要因素。2013年，中兴通讯充分发挥财务信息的指导作用，不断完善经营管理，通过成本领先、费用管控、资源整合、加大研发投入等多手段迅速走出了亏损逆境。

　　关键词：财务管理；业绩；反转

0　引　言

　　中兴通讯股份有限公司简称中兴通讯，证券代码 000063，1997 年 11 月 18日在深圳 A 股上市。行业类别隶属计算机、通信和其他电子设备制造业。主营业务涉及设计、开发、生产、分销及安装各种先进的电信设备，包括运营商网络、手机和电信软件系统及服务业务等。该公司目前是全球领先的综合性通信制造业上市公司和全球通信解决方案提供商之一。

　　2011~2013 年中兴通讯经历"过山车式"的艰难发展。2010 年以前，中兴通讯连续 7 年业绩保持稳定增长的态势。但 2011 年开始，中兴通讯推崇大力扩张海外市场的发展战略。为了解决没钱又要发展的困局，采取了所谓的"垫资"[①]

---

　　① 垫资通常有两种做法：一种是设备商与大银行一起向采购商（运营商）提供信贷支持；另一则是直接送设备，延长对方的付款时间。对于电信设备供应商来说，需要注意的是，设备商的钱大都是由银行借贷而形成，而垫资利息通常都比银行贷款利息要低，这无形中加大了企业的财务成本，同时，如果这笔钱最终收不回来，就会成为坏账。

融资，放弃"现金流第一"的稳健战略，推崇"大国大 T（Telecom）"战略（为进入全球主流运营商市场，牺牲短期盈利），冒进扩张。2010~2012 年资产负债率连续增加，分别为 70.34%、75.05% 和 78.93%。公司 2011 年末净利润出现下滑，从 2010 年的 32.5 亿元降至 20.6 亿元，2012 年更是出现了 28.41 亿元的巨额亏损。净资产收益率从 2010 年的 16.28% 降至 2011 年的 8.71%，2012 年跌至 −12.42%。而且资本结构期限不匹配，这些都使得公司担负着巨大的财务风险。

2013 年，中兴通讯的业绩明显改观，不仅扭亏为盈，而且实现三连阳。净利润 2013 年达到 13.58 亿元，2014 年为 26.34 亿元，2015 年为 32.08 亿元。净资产收益率 2013 年提升至 6.17%，而后两年进一步提升至 11.11% 和 11.76%。

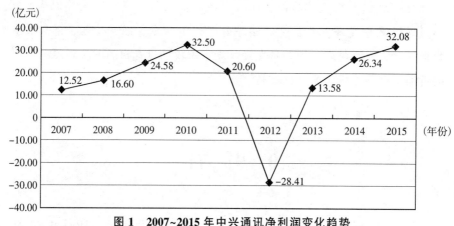

图 1　2007~2015 年中兴通讯净利润变化趋势

1　正文：中兴通讯扭亏为盈的历程

1.1　2011 年、2012 年中兴通讯利润下降乃至亏损的原因

查找相关资料并分析中兴通讯 2012 年前后的年报（合并报表）得知，其亏损原因有以下几方面：

1.1.1　行业大环境的持续低迷和低毛利率订单隐患的集中爆发

该集团 2012 年营业收入为 842.19 亿元，比上年同期下降 2.36%。在平安证券的一份研究报告中指出，行业大环境的持续低迷和低毛利率订单隐患的集中爆发，是业绩亏损的主要因素。

首先，国内运营商资本开支的压缩造成行业低迷，对通信设备商极为不利。运营商继2008年、2009年无线资本开支实现20%、50%的跨越式增长后，由于高管调整、维持自身业绩等原因，在2010年、2011年大幅度压缩无线资本开支，其中2010年下滑40%，2011年同比持平，2012年部分规模较大毛利率较高的设备招标投资延后。这些直接导致中兴通讯2012年运营商网络、终端的收入均比上年同期下降。其中，前者主要是由于国内有线交换与接入产品、国际CDMA系统设备及国际光通信系统收入下降所致；后者主要是由于国际GSM手机、数据卡收入均有所下降所致。

其次，相较于基本持平的国内业务，国际业务营业收入幅度下降4.5%是主要原因。这一结果与中兴通讯在2011年实施"大国大T"的突破计划有直接关系。在"以价格换市场"的方针指导下，低毛利率项目确实换来市场份额的提升，但同时在2012年第三、第四季度明显抑制了公司业绩的增长。

表1　中兴通讯2010~2014年收入结构

单位：亿元

年份	2010	2011	2012	2013	2014
营业总收入	702.64	862.54	842.19	752.34	814.71
产品	702.64	862.54	842.19	752.34	814.71
运营商网络	419.90	465.22	416.03	406.96	467.68
消费者业务					
政企业务					
终端产品	179.27	269.34	258.39	217.02	231.17
有线交换及接入系统					
电信软件系统、服务及其他产品	99.35	124.11	165.30	123.51	115.86
其他业务	4.12	3.88	2.48	4.85	0.00
地区	702.64	862.54	842.19	752.34	814.71
中国	318.51	391.64	393.70	351.93	405.83
国外	380.02	467.02	446.02	395.56	408.88
其他业务（地区）	4.12	3.88	2.48	4.85	0.00

1.1.2　成本大幅度上升

如表2所示，2011年中兴通讯销售成本率开始上升，2012年达到峰值

76.10%。销售成本率反映的是公司为获得每 100 元的销售收入要付出的成本。销售成本率异常偏高，一般意味着公司面临不利的竞争环境或者销售管理有问题。

表 2　中兴通讯 2007~2015 年盈利指标

单位：%

年份	2007	2008	2009	2010	2011	2012	2013	2014	2015
净资产收益率 ROE	10.94	12.58	15.82	16.28	8.71	−12.42	6.17	11.11	11.76
销售净利率	4.17	4.32	4.47	4.95	2.60	−3.09	1.91	3.35	3.73
销售毛利率	33.85	33.42	32.60	32.63	30.26	23.90	29.39	31.56	31.03
销售成本率	66.15	66.58	67.40	67.37	69.74	76.10	70.61	68.44	68.97
销售费用率	19.17	19.69	17.25	17.60	18.25	18.75	19.49	17.66	15.56
净利润/营业总收入	4.17	4.32	4.47	4.95	2.60	−3.09	1.91	3.35	3.73
营业利润/营业总收入	2.88	2.81	3.42	3.69	0.50	−5.94	−1.98	0.07	0.32
息税前利润/营业总收入	5.78	6.41	6.58	7.10	4.32	−0.29	4.15	5.73	5.04
营业总成本/营业总收入	97.63	97.18	96.62	97.14	100.63	107.31	103.47	100.27	100.19
销售费用/营业总收入	12.64	11.99	11.69	12.46	12.70	13.28	13.30	12.59	11.75
管理费用/营业总收入	5.11	4.74	4.26	3.43	2.82	2.71	2.93	2.49	2.38
财务费用/营业总收入	1.42	2.95	1.30	1.71	2.73	2.77	3.27	2.58	1.43

资料来源：Wind 资讯数据库中兴通讯公司财务指标。

1.1.3　期间费用增长较快

如表 2 所示，2010~2012 年公司销售费用率不断提升，分别为 17.60%、18.25% 和 18.75%。销售费用和财务费用占营业总收入的比率提升明显，尤其是财务费用三年分别为 11.98 亿元、23.56 亿元、23.31 亿元，较 2010 年增长幅度均在 100% 左右（见表 3）。财务费用大幅增长主要是受欧元及发展中国家货币疲软、汇率波动带来较大汇兑损失的影响。这个结果充分表明公司在国际市场上规避汇率风险的能力不足。

表 3　中兴通讯 2008~2014 年费用

单位：%

年份	2008	2009	2010	2011	2012	2013	2014	2015
销售费用	53.13	70.44	87.55	109.53	111.81	100.04	102.59	117.72
管理费用	21.00	25.68	24.10	24.32	22.81	22.02	20.31	23.83
财务费用	13.08	7.85	11.98	23.56	23.31	24.60	21.01	14.31

资料来源：Wind 资讯数据库。

1.1.4 资产营运能力下降

中兴通讯盲目追求资产规模的扩大，甚至"不计一切代价"拿单抢占市场份额，在海外扩张时实行了较为宽松的收款政策。这样虽然加快了扩张的规模和速度，但也给公司现金流的运转带来了巨大的风险，造成的直接后果是应收账款的急剧上升和大量的坏账损失。

表 4 数据显示，从 2011 年起公司各项资产规模的增速远高于销售收入的增速，从而导致公司营运周期逐渐延长。其中，以应收账款周转能力降幅最为明显，2010~2012 年周转天数分别为 84.24 天、86.47 天和 98.19 天，环比增幅分别为 2.6%、3.4% 和 13.6%。而应收票据和应收账款总额在 2011 年、2012 年分别为 270.97 亿元和 263.50 亿元，较 2010 年的 188.54 亿元分别增长 43% 和 38%。

表 4　中兴通讯 2008~2015 年营运能力指标

年份	2008	2009	2010	2011	2012	2013	2014	2015
营业周期（天）	156.90	156.63	165.72	167.54	172.42	184.88	206.22	192.99
存货周转天数（天）	87.53	81.10	81.48	81.06	74.23	80.90	103.39	102.44
应收账款周转天数（天）	69.37	75.53	84.24	86.47	98.19	103.98	102.84	90.56
存货周转率（次）	4.11	4.44	4.42	4.44	4.85	4.45	3.48	3.51
应收账款周转率（次）	5.19	4.77	4.27	4.16	3.67	3.46	3.50	3.98
流动资产周转率（次）	1.21	1.23	1.16	1.15	1.01	0.95	1.03	1.13
固定资产周转率（次）	12.41	13.67	12.50	12.75	11.95	10.34	11.01	13.32
总资产周转率（次）	0.98	1.01	0.92	0.91	0.79	0.73	0.79	0.88

资料来源：Wind 资讯数据库。

作为通信设备制造商，如果存货积压，因其价格昂贵就会占用大量货币资金。公司的存货 2011 年为 149.88 亿元，而 2010 年全年的存货为 121.04 亿元，说明存货积压也给公司 2012 年的资金周转带来了较大压力。

1.1.5 对人员与技术的绩效管理不到位

2012 年，中兴通讯在实行激进的市场战略快速扩张的同时，忽视了对人力资源的管理和考核，企业内部缺乏凝聚力，并影响到了技术研发的效率。每年虽有大量研发投入，但盲目追求研发进度带来技术研发的质量缺陷，新产品成功率较低，开发支出迟迟无法转换成无形资产。技术研发的投入与产出的失衡没有发挥出技术进步的竞争优势，粗放式管理带来的问题产生恶性循环，最终加剧了资本配置结构的失衡。

1.2 2013~2015 年中兴通讯扭亏为盈

1.2.1 行业回春带来的收入增长

随着 2013 年 4G 和宽带建设的启动，中兴通讯初步迎来开花结果阶段，集团加强了对合同盈利能力的管理，严格控制低毛利率合同的签订，国际项目毛利率改善，国内系统项目营业收入占比上升。在国内市场实现营业收入 356.3 亿元，占集团整体营业收入的 47.4%。国际市场实现营业收入 396 亿元，占集团整体营业收入的 52.6%。

1.2.2 大力实施成本领先战略

由于之前的亏损很大部分是由于成本管理不善造成的，因此 2013 年中兴通讯大力缩减相关成本，其中营业成本从 2012 年的 640.92 亿元下降到了 531.26 亿元，降幅 20% 多。2013~2015 年销售成本率连续下降，从 2012 年的 76.1% 降到 2015 年的 68.97%。同期的营业成本占营业总收入的比率也从 2012 年的 107.31% 降到 2015 年的 100.19%。

1.2.3 财务费用管控成效明显

在中兴通讯生死攸关的 2012~2013 年的转折中，财务费用的大力管控起到了不可磨灭的作用。由于债务结构得到优化，其财务费用也呈现大幅度的连续下降，2013 年较 2012 年减少了 56%，2015 年较 2012 年减少了 81%，如图 2 所示。

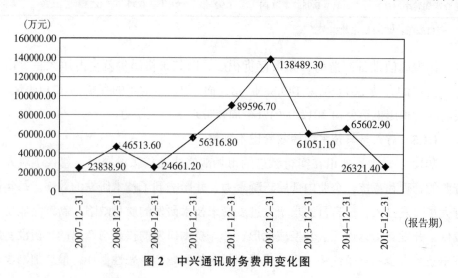

图 2　中兴通讯财务费用变化图

与此同时，在经营导向上回归稳健，遵循"现金流第一"，不断加大销售收款力度。2013年经营活动产生的现金流量净额就比上年增长了66.1%，如图3所示。

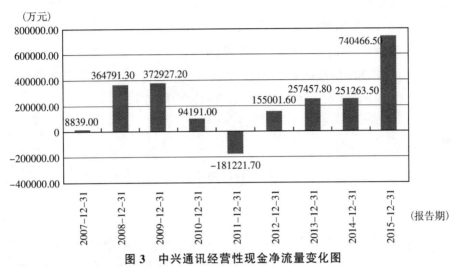

（万元）

图3　中兴通讯经营性现金净流量变化图

资料来源：Wind 资讯数据库。

究其原因，一方面，由于中兴通讯信用管理的政策更改，不再因为急于扩张而放松对应收账款的管理，更加注重现金流的稳健性；另一方面，期间费用开支减少，这与其成本的大力管控分不开。同时，对于筹资活动，其现金流入流出都有所减少，对于债务资金的谨慎性也可看出其经营回归稳健的趋势。

1.2.4　加强内部管理，整合各方资源

理顺内部管理、激发创新能效是优化技术资本配置的重要保障。2013年，中兴通讯之所以能够实现扭亏为盈，与管理层能够发现和重视管理弊端并大胆、果断的改革有极其重要的关系。内部战略上，公司实行了人才领先战略和成本领先战略，注重风险的控制和有考核的放权，提高公司整体运转效率，从根本上解决因沟通、人力等造成的成本增加；对外战略上，从侧重规模转向规模、效益并重，提升运营效率。在不到一年的时间里，这些举措在保证质量和控制费用的前提下大大缩短了新产品的研发周期。同时，公司在主流市场、主流客户和主流产品上实现了布局的进一步优化，如在市场和客户方面，在中国4G招标抢得先机，确定国内市场4G优势地位，在全球LTE新增市场份额接近20%，成为全球4G

增速最快的厂商；在美国终端进入前四，在南非 MTN、西班牙电信市场获得规模突破。

1.2.5　研发投入初见成效

无线产品方面，随着 CloudRadio 解决方案的成功应用，中兴通讯在 4G 产品研发的持续投入开始取得回报。特别是在国内市场，在 4G 产品招标中获得领先份额，国际市场有所收获并逐步进入良性循环。数据显示，2013 年，中兴通讯成为全球增速最快的 LTE 系统供应商，全年 LTE 发货占全球近 20%的份额。而国内方面，中兴通讯在三大运营商招标综合份额中排名第一。

2　思考题

（1）运用杜邦分析法，结合 2011~2013 年报表数据，从净资产收益率入手展开对比分析，探讨影响中兴通讯业绩转折性变化的主要影响因素，并测算其影响系数。

（2）根据案例内容，讨论改善公司业绩的主要路径。

（3）净利润率、净资产收益率能否代表公司真正的盈利能力水平？

（4）财务管理对公司发展战略制定、绩效评价具有怎样的重要意义？如何理解？

3　附　录

表 5　中兴通讯 2010~2015 年利润表（合并报表）

单位：亿元

报告时间	2010-12-31	2011-12-31	2012-12-31	2013-12-31	2014-12-31	2015-12-31
一、营业总收入	702.64	862.54	842.19	752.34	814.71	1001.86
营业收入	702.64	862.54	842.19	752.34	814.71	1001.86

续表

报告时间	2010-12-31	2011-12-31	2012-12-31	2013-12-31	2014-12-31	2015-12-31
二、营业总成本	682.55	868.01	903.73	778.45	816.94	1003.78
营业成本	473.35	601.57	640.92	531.26	557.60	691.00
营业税金及附加	11.49	14.63	11.92	10.80	13.31	13.04
销售费用	87.55	109.53	111.81	100.04	102.59	117.72
管理费用	24.10	24.32	22.81	22.02	20.31	23.83
财务费用	11.98	23.56	23.31	24.60	21.01	14.31
资产减值损失	3.15	9.47	4.67	15.89	12.02	21.87
三、其他经营收益						
公允价值变动净收益	0.84	−0.89	−1.07	2.04	1.48	−1.84
投资净收益	4.97	10.65	12.59	9.14	1.34	6.96
其中：对联营企业和合营企业的投资收益	0.44	0.71	0.48	0.34	−0.53	0.63
四、营业利润	25.90	4.30	−50.02	−14.93	0.60	3.20
加：营业外收入	20.02	23.69	30.81	34.65	37.88	44.43
减：营业外支出	2.32	1.63	0.62	1.44	3.10	4.60
其中：非流动资产处置净损失	0.24	0.31	0.19	0.18	0.36	0.29
五、利润总额	43.60	26.35	−19.83	18.28	35.38	43.04
减：所得税	8.84	3.92	6.21	3.94	8.10	5.63
六、净利润	34.76	22.43	−26.05	14.34	27.28	37.40
减：少数股东损益	2.26	1.83	2.36	0.76	0.94	1.16
归属于母公司所有者的净利润	32.50	20.60	−28.41	13.58	26.34	32.08
加：其他综合收益	0.41	−3.50	7.58	−2.79	−3.34	3.28
七、综合收益总额	35.18	18.93	−18.46	11.54	23.94	40.68
减：归属于少数股东的综合收益总额	2.16	1.96	2.57	0.99	1.24	6.64
归属于母公司普通股东综合收益总额	33.02	16.97	−21.03	10.56	22.70	29.87
八、每股收益						
（一）基本每股收益（元）	1.17	0.61	−0.83	0.39	0.77	0.78
（二）稀释每股收益（元）	1.15	0.61	−0.83	0.39	0.77	0.77

资料来源：Wind 数据库。

表6　中兴通讯2010~2014年资产负债表

单位：亿元

报告时间	2010-12-31	2011-12-31	2012-12-31	2013-12-31	2014-12-31
流动资产					
货币资金	153.83	214.72	241.26	209.03	181.16
交易性金融资产	1.23	0.96	1.06	2.17	2.41
应收票据	12.90	32.24	42.82	35.01	20.87
应收账款	175.64	238.73	220.68	213.93	251.53
预付款项	4.50	4.94	7.43	7.51	6.83
其他应收款	13.90	21.19	20.19	17.29	21.60
存货	121.04	149.88	114.42	124.34	195.92
流动资产差额（特殊报表科目）	172.25	182.12	178.32	154.76	141.94
流动资产合计	655.28	844.77	826.19	764.05	822.26
非流动资产					
可供出售金融资产	3.43	8.20	10.92	16.30	17.40
持有至到期投资	0.00	0.00	0.00	0.00	0.00
长期应收款	5.67	8.64	12.07	3.67	2.67
长期股权投资	9.18	5.14	4.56	4.78	4.61
投资性房地产	0.00	0.00	16.86	18.55	20.04
固定资产	65.24	70.04	70.97	74.49	73.48
在建工程	11.47	15.80	8.24	1.77	2.63
无形资产	8.91	11.95	10.87	12.37	13.65
开发支出	14.67	19.26	24.47	29.32	34.84
长期待摊费用	0.50	0.62	0.90	0.71	0.53
递延所得税资产	6.55	11.29	12.19	13.53	12.84
其他非流动资产	10.90	16.41	36.04	38.13	40.18
非流动资产差额（特殊报表科目）	49.73	41.56	40.18	23.12	17.02
非流动资产差额（合计平衡项目）	0.00	0.00	0.00	0.00	0.00
非流动资产合计	186.24	208.91	248.27	236.74	239.89
资产总计	841.52	1053.68	1074.46	1000.79	1062.14
流动负债					
短期借款	65.78	111.83	179.24	125.89	109.98

报告时间	2010-12-31	2011-12-31	2012-12-31	2013-12-31	2014-12-31
交易性金融负债	0.40	0.05	1.06	0.68	0.71
应付票据	100.56	111.49	114.78	84.98	103.82
应付账款	154.41	215.43	181.16	164.93	192.44
预收款项	27.45	24.58	31.07	27.76	33.06
应付职工薪酬	30.98	24.09	23.47	24.62	28.07
应交税费	−3.21	−9.90	−11.62	−12.52	−27.90
应付利息	0.00	0.00	0.00	0.00	0.00
其他应付款	29.76	75.26	81.27	84.78	75.32
划分为持有待售的负债	0.00	0.00	0.00	0.00	0.00
一年内到期的非流动负债	13.23	6.93	45.24	27.54	61.74
应付股利	1.36	1.70	2.06	0.35	0.08
预提费用	0.00	0.00	0.00	0.00	0.00
递延收益−流动负债	0.91	0.75	2.67	4.09	4.52
应付短期债券	0.00	0.00	0.00	0.00	0.00
其他流动负债	0.00	0.00	0.00	0.00	0.00
流动负债差额（特殊报表科目）	60.50	72.52	79.20	76.61	77.42
流动负债差额（合计平衡项目）	0.00	0.00	0.00	0.00	0.00
流动负债合计	482.14	634.75	729.59	609.71	659.25
非流动负债					
长期借款	17.19	69.41	9.90	53.86	100.40
应付债券	37.56	38.84	61.08	61.20	0.00
长期应付款	0.00	0.00	0.00	0.00	0.00
长期应付职工薪酬	0.00	0.00	0.00	0.96	1.15
专项应付款	0.00	0.00	0.00	0.00	0.00
预计负债	0.00	0.00	0.00	0.00	0.00
递延所得税负债	0.89	0.00	1.40	1.40	1.59
递延收益−非流动负债	0.00	0.00	0.00	0.00	6.31
其他非流动负债	4.39	6.24	5.92	14.31	13.49
非流动负债差额（特殊报表科目）	49.73	41.56	40.18	23.12	17.02
非流动负债差额（合计平衡项目）	0.00	0.00	0.00	0.00	0.00

续表

报告时间	2010-12-31	2011-12-31	2012-12-31	2013-12-31	2014-12-31
非流动负债合计	109.76	156.05	118.49	154.83	139.97
负债差额（特殊报表科目）	0.00	0.00	0.00	0.00	0.00
负债差额（合计平衡项目）	0.00	0.00	0.00	0.00	0.00
负债合计	591.90	790.79	848.08	764.54	799.22
所有者权益（或股东权益）					
实收资本（或股本）	28.67	34.40	34.40	34.38	34.38
资本公积金	90.71	85.40	93.53	94.92	87.25
其他综合收益	0.00	0.00	0.00	0.00	−4.64
专项储备	0.00	0.00	0.00	0.00	0.00
盈余公积金	15.38	15.88	15.87	16.13	17.69
一般风险准备	0.00	0.00	0.00	0.00	0.00
未分配利润	92.22	105.46	77.05	89.34	107.24
外币报表折算差额	−1.69	−5.28	−5.83	−10.47	0.00
未确认的投资损失	0.00	0.00	0.00	0.00	0.00
少数股东权益	18.68	20.57	11.36	10.93	14.14
股东权益差额（特殊报表科目）	5.65	6.46	0.00	1.03	6.88
股东权益差额（合计平衡项目）	0.00	0.00	0.00	0.00	0.00
归属于母公司所有者权益合计	230.94	242.32	215.02	225.33	248.79
所有者权益合计	249.62	262.89	226.39	236.26	262.93
负债及股东权益差额（特殊报表项目）	0.00	0.00	0.00	0.00	0.00
负债及股东权益差额（合计平衡项目）	0.00	0.00	0.00	0.00	0.00
负债和所有者权益总计	841.52	1053.68	1074.46	1000.79	1062.14

资料来源：Wind 资讯数据库。

表 7　中兴通讯 2010~2015 年现金流量表（合并报表）

单位：亿元

报告时间	2010-12-31	2011-12-31	2012-12-31	2013-12-31	2014-12-31	2015-12-31
一、经营活动产生的现金流量						
销售商品、提供劳务收到的现金	677.84	809.68	873.02	817.19	886.12	1072.40
收到的税费返还	47.42	63.15	75.88	70.85	62.31	72.39

续表

报告时间	2010-12-31	2011-12-31	2012-12-31	2013-12-31	2014-12-31	2015-12-31
收到其他与经营活动有关的现金	6.55	15.08	6.01	17.69	24.22	33.84
经营活动现金流入小计	731.81	887.91	954.92	905.72	972.64	1178.62
购买商品、接受劳务支付的现金	473.83	598.93	649.45	627.36	676.84	785.62
支付给职工以及为职工支付的现金	96.79	134.19	130.23	116.07	123.72	155.19
支付的各项税费	44.38	56.12	66.08	58.02	66.08	74.44
支付其他与经营活动有关的现金	107.40	116.80	93.66	78.53	80.87	89.33
经营活动现金流出小计	722.39	906.03	939.42	879.98	947.52	1104.58
经营活动产生的现金流量净额差额（合计平衡项目）	0.00	0.00	0.00	0.00	0.00	0.00
经营活动产生的现金流量净额	9.42	−18.12	15.50	25.75	25.13	74.05
二、投资活动产生的现金流量						
收回投资收到的现金	0.00	19.96	13.45	9.87	13.15	16.09
取得投资收益收到的现金	0.17	2.05	0.36	1.83	1.56	6.55
处置固定资产、无形资产和其他长期资产收回的现金净额	0.29	0.91	0.42	0.06	0.72	0.24
处置子公司及其他营业单位收到的现金净额	0.00	0.00	9.89	13.19	2.90	0.12
投资活动现金流入小计	0.46	22.91	24.11	24.95	18.32	23.00
购建固定资产、无形资产和其他长期资产支付的现金	30.67	40.65	23.78	23.37	20.68	24.69
投资支付的现金	0.92	16.45	16.37	18.20	13.87	14.06
投资活动现金流出小计	31.59	57.10	40.15	41.57	34.55	38.75
投资活动产生的现金流量净额	−31.13	−34.19	−16.03	−16.62	−16.23	−15.75
三、筹资活动产生的现金流量						
吸收投资收到的现金	39.13	0.07	0.08	0.19	2.54	30.09
其中：子公司吸收少数股东投资收到的现金	7.16	0.07	0.08	0.19	2.54	27.20
取得借款收到的现金	119.46	349.45	455.40	233.58	395.00	177.36
收到其他与筹资活动有关的现金	0.00	0.00	0.00	0.00	0.00	0.00
发行债券收到的现金	0.00	0.00	0.00	0.00	0.00	89.05
筹资活动现金流入小计	158.59	349.52	455.48	233.77	397.54	296.50
偿还债务支付的现金	115.68	215.18	409.20	243.73	416.22	238.36
分配股利、利润或偿付利息支付的现金	12.53	20.34	25.41	16.86	18.59	20.58

报告时间	2010–12–31	2011–12–31	2012–12–31	2013–12–31	2014–12–31	2015–12–31
其中：子公司支付给少数股东的股利、利润	0.70	0.62	1.03	1.58	0.35	0.15
支付其他与筹资活动有关的现金	0.00	0.00	0.00	0.00	0.00	1.74
筹资活动现金流出小计	128.21	235.52	434.62	260.58	434.80	260.68
筹资活动产生的现金流量净额差额（合计平衡项目）	0.00	0.00	0.00	0.00	0.00	0.00
筹资活动产生的现金流量净额	30.38	114.00	20.86	−26.82	−37.26	35.82
四、现金及现金等价物净增加额						
汇率变动对现金的影响	−0.38	−4.12	−0.35	−7.72	−0.52	−0.24
现金及现金等价物净增加额	8.29	57.57	19.98	−25.41	−28.88	93.87
期初现金及现金等价物余额	140.76	149.05	206.62	226.60	201.18	172.30
期末现金及现金等价物余额	149.05	206.62	226.60	201.18	172.30	266.17
补充资料						
净利润	34.76	22.43	−26.05	14.34	27.28	37.40
加：资产减值准备	3.15	9.47	4.67	15.89	12.02	21.87
固定资产折旧、油气资产折耗、生产性生物资产折旧	8.60	10.09	10.33	9.44	9.55	10.90
无形资产摊销	2.03	3.98	5.06	7.78	8.50	9.82
长期待摊费用摊销	0.08	0.18	0.10	0.23	0.21	0.42
处置固定资产、无形资产和其他长期资产的损失	0.24	0.31	0.19	0.18	0.36	0.29
固定资产报废损失	0.00	0.00	0.00	0.00	0.00	0.00
公允价值变动损失	−0.84	0.89	1.07	−2.04	−1.48	1.84
财务费用	9.08	13.30	20.25	20.63	16.29	17.61
投资损失	−4.97	−10.65	−12.59	−9.14	−1.34	−6.96
递延所得税资产减少	−0.11	−4.74	−0.90	−1.34	0.69	−1.50
递延所得税负债增加	0.85	−0.89	1.40	0.00	0.19	−1.07
存货的减少	−27.51	−32.55	34.12	−16.81	−76.82	−7.06
经营性应收项目的减少	−86.04	−93.17	−41.14	59.12	10.78	−50.92
经营性应付项目的增加	73.89	64.73	47.54	−77.25	21.61	42.67
未确认的投资损失	0.00	0.00	0.00	0.00	0.00	0.00
其他	0.00	0.00	0.00	0.00	0.00	0.00

报告时间	2010-12-31	2011-12-31	2012-12-31	2013-12-31	2014-12-31	2015-12-31
间接法——经营活动现金流量净额差额（特殊报表科目）	-3.80	-1.50	-28.56	4.72	-2.70	-1.27
间接法——经营活动现金流量净额差额（合计平衡项目）	0.00	0.00	0.00	0.00	0.00	0.00
经营活动产生的现金流量净额	9.42	-18.12	15.50	25.75	25.13	74.05

资料来源：Wind 资讯数据库。

4 案例使用说明

4.1 教学目标

通过对中兴通讯 2010~2015 年业绩发生的 V 形转折的了解，让学生熟悉杜邦分析法的逻辑框架，从财务报表中归纳出影响公司业绩的主要项目和财务指标，学会用差额计算法测算不同因素变动对净资产收益率的影响程度，从而更深刻地认识和理解财务管理对企业经营管理战略目标实现的重要作用。

本案例适用于财务报表分析、公司金融、金融企业战略管理等课程。

4.2 案例涉及的知识点

4.2.1 杜邦分析法框架

杜邦分析法因其最早的使用者是美国的杜邦公司而得名，主要用来从财务角度对企业盈利能力和股东投资回报水平进行评价。它是运用因素分解法的基本原理，以净资产收益率为分析起点，逐级拆解为多个财务比率的乘积，最终落实到财务报表中相关项目的具体数据，整体分析思路形成一个金字塔形的逻辑架构（如图 4 所示）。它能够广泛地运用在同个企业不同时期数据的历史比较、预算比较以及不同企业相同时期的同业比较中。

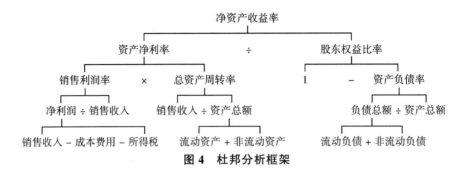

图 4　杜邦分析框架

4.2.2　因素分析法——差额计算法

差额计算法是根据各项因素的实际数与基期数的差额来确定该因素变动对综合财务指标变动影响程度的一种方法。

假定某综合财务指标 Y 受 A、B、C 三个因素的影响，关系式为 $Y = A \times B \times C$。

第一步：

基期 $Y0 = A0 \times B0 \times C0$；

报告期 $Y1 = A1 \times B1 \times C1$；

差异额 $D = Y1 - Y0$，即差额计算法的分析对象。

第二步：

因素 A 的变动对 Y 变动的影响程度 $= (A1 - A0) \times B0 \times C0$

因素 B 的变动对 Y 变动的影响程度 $= (B1 - B0) \times A1 \times C0$

因素 C 的变动对 Y 变动的影响程度 $= (C1 - C0) \times A1 \times B1$

第三步：

将 A、B、C 三个因素变动对 Y 的变动的影响相加，得：

$A1 \times B1 \times C1 - A0 \times B0 \times C0 = Y1 - Y0 = D$

4.3　案例分析思路

4.3.1　杜邦分析法中的主要财务比率关系

杜邦分析法中几种主要的财务指标关系为：

净资产收益率 = 净利润/净资产

　　　　　　 = 资产净利率（净利润/总资产）× 权益乘数（总资产/净资产）

资产净利率 = 销售净利率（净利润/总收入）× 资产周转率（总收入/总资产）

即：净资产收益率＝销售净利率×资产周转率×权益乘数

其中，主要财务比率的评价要点为：

（1）净资产收益率是整个分析系统的起点和核心。该指标的高低反映了股东的投资回报水平，由销售报酬率、总资产周转率和权益乘数三者共同决定。

（2）权益系数反映的是企业的股东权益与负债之间的比例关系。该指标越大，说明企业股东权益投资比例越低、而负债程度越高。

（3）总资产收益率是销售利润率和总资产周转率的乘积，是对销售质量和资产运营能力的综合考察。在销售收入增加的基础上实现净利润的同速或超速增长，或者减少资金占用、加速资产周转，都会对该指标的提升起到积极作用。

（4）总资产周转率反映企业资产实现销售收入的综合能力。评价该指标，首先要从企业的行业特征和市场环境出发，观察流动资产和非流动资产的结构比例是否合理。其次还要根据需要继续核算流动资产周转率、存货周转率、应收账款周转率、固定资产周转率等指标，挖掘出导致该指标发生变化的具体原因。

4.3.2 杜邦分析法的步骤

（1）以净资产收益率为起点，从财务报表（主要是资产负债表和利润表）中找到相关项目数据，注意计算各财务比率的数值，并填入杜邦分析图。

（2）根据分析要求，在每个财务指标下，将同一企业不同时期的财务比率数值或不同企业的同期数值逐一排列，并计算出变化值。

（3）利用差额计算法进行分析，确定各层级指标对上一级指标的影响系数，最终找到影响净资产收益率指标变化的财务报表数据项目，从而分析企业经营管理层面的利弊。

4.4 背景信息来源

（1）中兴通讯：节流带来业绩拐点，激励驱动持续发展［EB/OL］.证券时报网，http://kuaixun.stcn.com/2013/0723/10624004.shtml.

（2）中兴通讯：财务指标趋势健康扭亏为盈年内实现_股票频道［EB/OL］.证券之星，http://stock.stockstar.com/JC2013050300002170.shtml.

（3）中兴通讯：扭亏为盈，看好无线主设备和终端业务［EB/OL］.财经_腾讯网，http://finance.qq.com/a/20140123/007830.htm.

（4）中兴通讯：业绩高增长延续，价值仍被低估［EB/OL］.凤凰财经，http:

//finance.ifeng.com/a/20140418/12156614_0.shtml.

（5）中兴通讯：营收毛利率双恢复，公司步入增长快车道［EB/OL］. 财经 _ 腾讯网，http：//finance.qq.com/a/20140423/006387.htm.

（6）中兴通讯：在规模和利润之间平衡，继续等待外部环境缓慢好转［EB/OL］. 财经 _ 腾讯网，http：//finance.qq.com/a/20130417/002542.htm.

（7）中兴通讯：资本开支加速 预示业绩持续改善［EB/OL］. 财经 _ 腾讯网，http：//finance.qq.com/a/20140418/019223.htm.

（8）中兴通讯：内外因素导致 2012 年大幅亏损，期待 2013 年走出谷底［EB/OL］. 财经 _ 腾讯网，http：//finance.qq.com/a/20130122/003618.htm.

4.5　案例要点

（1）杜邦分析法的分析逻辑、影响因素的把握以及各因素影响程度的计算。

（2）财务分析的结果对改善公司经营管理策略的主要作用。

4.6　建议课堂计划

本案例可以在讲授公司盈利能力分析时设计 1 堂专门的案例讨论课。

课前准备：

将案例正文在课前提供给学生，要求课下完成阅读，并分成若干小组，要求对思考题做出答案。

课中计划：

整个案例讨论的课堂时间控制在 45 分钟左右。其中：

教师简要的案例介绍，明确主题　　　　　　（2 分钟）

有关案例相关知识答疑　　　　　　　　　　（5 分钟）

分组讨论　　　　　　　　　　　　　　　　（10 分钟）

小组代表汇报　　　　　　　　　　　　　　（20 分钟）

教师归纳总结　　　　　　　　　　　　　　（8 分钟）

江西铜业认股权证套利案例

李吉栋

摘　要： 本案例介绍了江西铜业认股权证发行和交易过程。该权证在熊市的最低点发行，所以认股权证的行权价格较低，权证上市后就一直处于实值状态，长期折价交易，甚至远低于其内在价值，市场出现了多次套利机会。

关键词： 分离交易可转债；认股权证；套利

0　引　言

江西铜业认股权证是该公司在 2008 年发行的分离交易可转债上市后，债券与权证分离的产物。分离交易可转债也称为附认股权证的公司债，它是在一般可转换债券的基础上发展而来的。可转换债券将债券和认股权证整合为一个证券，兼具债权和股权的双重特征。分离交易可转债又将可转换债券分解为纯债和认股权证两部分，并分别上市交易，从而可以使上市公司可能获得一次发行两次融资的机会。2006 年 5 月发布的《上市公司证券发行管理办法》首次将分离交易可转债列为上市公司再融资品种，马钢股份于 2006 年 11 月发行了我国首个分离交易可转债，此后又有 20 家公司通过这种方式实现了再融资。2007 年，我国股票市场曾经经历过一段权证被爆炒的经历，此后也有一些通过分离交易可转债发行的权证被市场非理性炒作，如日照权证。但是，江西铜业分离交易可转债的发行时间是 2008 年 10 月，而这个时间点差不多是 2008 年熊市的最低点，所以认股权证的行权价格较低，权证上市后就一直处于实值状态，最后绝大部分权证都成功行权。江西铜业认股权证上市后长期处于折价状态，甚至远低于其内在价值，市场出现了多次套利机会，理论上的无套利均衡失效。

1 正 文

1.1 发行公司概况

江西铜业股份有限公司由江西铜业集团公司与香港国际铜业（中国）投资有限公司、深圳宝恒（集团）股份有限公司、上饶市振达钢材工业集团、湖北黄石金铜矿业有限责任公司 5 家发起人于 1997 年 1 月 24 日共同发起设立。公司于 1997 年 5 月发行境外上市外资股（H 股）656482000 股，并于 1997 年 6 月在香港联交所和伦敦证券交易所上市。公司于 2001 年 12 月向境内公众发行人民币普通股（A 股）230000000 股，并于 2002 年 1 月 11 日在上海证券交易所上市。

江西铜业是全国最大的铜生产商之一，截至 2007 年底，阴极铜年生产能力 70 万吨，2007 年生产阴极铜 55.4 万吨；公司拥有约占全国 1/3 的铜资源量，是全国最大的铜精矿生产企业，也是最重要的矿产金生产企业之一，2007 年生产铜精矿 14.98 万吨，矿产金 5.49 吨。公司铜矿拥有极为丰富的伴生资源，黄金储量 260.3 吨，占全国金资源储量的 5.2%；白银资源储量 7379.3 吨，占全国银资源储量的 5.1%；钼资源储量 27.4 万吨，占全国钼资源储量的 2.5%。该公司也是全国最大的伴生黄金、白银生产商之一，2007 年生产黄金 13.2 吨，白银 359.6 吨。

1.2 分离交易可转债发行概况

1.2.1 募集金额及用途

江西铜业本次发行分离交易可转债的募集资金包括债券部分的募集资金和权证行权部分的募集资金[①]，债券部分的募集资金不超过 68 亿元，权证行权部分的募集资金不超过债券部分的募集资金。

[①] 认股权证募集资金需要到权证行权时才能实现，权证是否行权存在不确定性。

债券募集资金拟用于以下两个方面：其中约 20.8 亿元用于收购江铜集团与铜、金、钼等相关资产，包括铜、金、钼、硒、铼、碲、铋等相关业务及财务公司业务，约 47.2 亿元用于偿还金融机构贷款；权证募集资金拟用于四个方面，约 25.8 亿元用于德兴铜矿扩大采选生产规模技术改造，约 12 亿元用于阿富汗铜矿采矿权的竞标和开发，约 13 亿元用于加拿大北秘鲁铜业公司股权的收购，剩余募集资金约 17.2 亿元用于补充流动资金。

1.2.2 主要发行条款

江西铜业分离交易可转债发行规模为 680000 万元，发行时间是 2008 年 9 月 22 日。可转债发行完成后于 2008 年 10 月 10 日将债券与认股权证（以下简称"江铜权证"）分离，债券和认股权证分别上市交易。债券和权证的主要条款如表 1 所示。

表 1　江西铜业分离交易可转债发行主要条款

项目	内容
债券部分	
发行日期	2008 年 9 月 22 日
发行规模	680000 万元
发行价格	100 元
债券期限	8 年
票面利率	1%
权证部分	
发行数量	1761200000 份
行权方式	百慕大式
权证类型	认购权证
上市数量	1761200000 份
初始行权价	15.44 元
初始行权比例	0.25[①]
存续期限	730 天
存续起始日期	2008 年 10 月 10 日
上市日期	2008 年 10 月 10 日

① 拥有 4 个权证的投资者可以按照行权价买入 1 只股票。

续表

项目	内容
行权价及比例调整公式	①当公司 A 股除权时，认股权证的行权价、行权比例将按以下公式调整：新行权价＝原行权价×(公司 A 股除权日参考价/除权前一日公司 A 股收盘价)；新行权比例＝原行权比例×(除权前一日公司 A 股收盘价/公司 A 股除权日参考价) ②当公司 A 股除息时，认股权证的行权比例保持不变，行权价格按下列公式调整：新行权价＝原行权价×(公司 A 股除息日参考价/除息前一日公司 A 股收盘价)
最后交易日	2010 年 9 月 21 日
行权期限	2010 年 9 月 27 日至 10 月 8 日

1.3 认股权证上市交易情况

1.3.1 认股权证的折溢价

江铜权证交易期间的市场价格、理论价格和折溢价如图 1 所示。

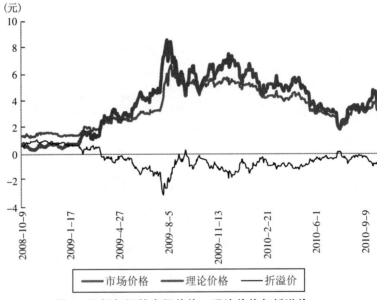

图 1 江铜权证的市场价格、理论价格与折溢价

从图 1 的数据可以看出，江铜权证在大部分交易期间内是折价状态。为了进一步分析权证的估值差异，再看权证在最后 30 个交易日内的价格数据，如表 2 所示。折溢价率用折溢价数值除以理论价格计算。

表 2　江铜权证在最后 30 个交易日折溢价情况

单位：元，%

剩余交易天数	市场价格	理论价格	折溢价	折溢价率
30	3.177	3.295	−0.118	−0.04
29	3.028	3.118	−0.090	−0.03
28	3.14	3.280	−0.140	−0.04
27	3.352	3.491	−0.139	−0.04
26	3.299	3.433	−0.134	−0.04
25	3.319	3.538	−0.219	−0.06
24	3.41	3.717	−0.307	−0.08
23	3.185	3.392	−0.207	−0.06
22	3.082	3.276	−0.194	−0.06
21	3.135	3.386	−0.251	−0.07
20	3.081	3.301	−0.220	−0.07
19	3.187	3.448	−0.261	−0.08
18	3.172	3.435	−0.263	−0.08
17	3.369	3.827	−0.458	−0.12
16	3.346	3.874	−0.528	−0.14
15	3.388	3.989	−0.601	−0.15
14	3.463	4.061	−0.598	−0.15
13	3.362	3.951	−0.589	−0.15
12	3.471	4.175	−0.704	−0.17
11	3.449	4.202	−0.753	−0.18
10	3.847	4.772	−0.925	−0.19
9	3.73	4.627	−0.897	−0.19
8	3.744	4.482	−0.738	−0.16
7	3.915	4.691	−0.776	−0.17
6	3.789	4.531	−0.742	−0.16
5	3.522	4.221	−0.699	−0.17
4	3.266	4.010	−0.744	−0.19
3	3.327	4.140	−0.813	−0.20
2	3.16	3.854	−0.694	−0.18
1	2.776	3.544	−0.768	−0.22

在江铜权证的最后时段，江西铜业股票价格远高于权证的执行价格，是一个深度实值期权，期权最后被执行几乎是一个确定的事件，而江铜权证的市场价格却大幅度低于它的理论价格。

1.3.2 认股权证的换手率

换手率是体现市场情绪的一个重要指标，换手率等于日交易权证数量除以权证总数量。江铜权证在交易期间的换手率数据如图2所示。

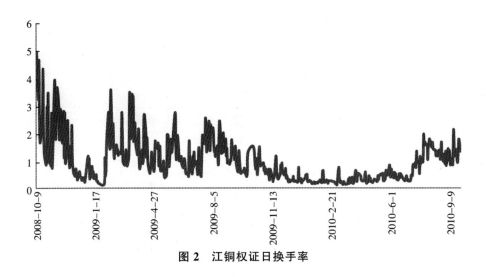

图2 江铜权证日换手率

在整个交易周期内，而江铜权证的日均换手率只有0.996。在最后的30个交易日中，江铜权证的日均换手率为1.250。

1.3.3 江铜权证的套利机会分析

江铜权证折价交易导致市场出现多次的套利机会，我们来看两个典型的时间点。

（1）2010年7月20日的套利机会。

2010年7月20日江铜权证及江西铜业股票的相关数据如表3所示。

表 3　2010 年 7 月 20 日江铜权证及江西铜业股票的相关数据

权证价格	2.549 元	股票收盘价格	28.38 元
权证到期日	2010 年 10 月 8 日	融券保证金比例	1.3[①]
执行价格	15.33 元	融券利率	7.86%[②]
权证理论价格	3.288 元	无风险利率	3.456[③]
行权比例	0.25		

如果实施套利交易，交易过程如下：首先融券卖出江西铜业股票，买入 4 个权证，到期末执行权证买入股票，将融券卖空的股票仓位平仓。交易现金流及利润核算如表 4 所示。

表 4　2010 年 7 月 20 日江铜权证套利交易现金流及利润核算

单位：元

交易内容	期初现金流	期末现金流
融券卖空股票	28.38	$-28.38 \times 7.86\% \times 74 \div 360 = -0.458$
买入 4 个权证	$-2.549 \times 4 = -10.2$	-15.33
缴纳融券保证金	$-28.38 \times 1.3 = -36.894$	36.894
融资	18.710	$-18.71 \times (1 + 3.456\% \times 74 \div 360) = -18.843$
合计	0	2.263

可获得套利收益 2.263 元，折合年化收益率 58.9%（$2.263 \div 18.7 \times 74 \div 365 = 58.9\%$）。

（2）最后交易日的套利机会。

在江铜权证的最后交易日，2010 年 9 月 21 日，当日江西铜业股票收盘价 29.49 元，江铜权证的收盘价格 2.776 元，权证折价 0.768 元。由于权证的行权日期为 2010 年 9 月 27 日至 10 月 8 日，如果在最后交易日买入江铜权证，最早行权时间在 9 月 27 日，股票在 28 日才能卖出。而在 2010 年 9 月 27 日，控股股东

---

① 券商客户融券保证金比例一般按如下公式计算：客户初始保证金比例 +（1.1 - 融券标的证券折算率），按照最低信用级别客户最低初始保证金 0.7，江西铜业折算率 50% 计算，江西铜业融资担保比例为 1.3。

② 各家券商的融资融券利率不尽相同，这里我们以海通证券为例，取 7.86%。

③ 取 2012 年 7 月银行间债券市场质押式回购 3 个月期加权平均利率，数据来源于国泰安数据库。

江西铜业集团持有的 12.82 亿限售股份将获得上市流通资格，而在这之前，江西铜业的可流通 A 股只有 3.53 亿股。此外，江铜权证的规模为 17.6 亿份，按照 4∶1 的行权比例，又会新增 4.4 亿股流通股，这对江西铜业股票的未来走势形成巨大压力，因此投资者买入权证要承担一定的风险。但是，如果实施套利交易，在 9 月 21 日融券卖空江西铜业股票，买入权证，到 27 日行权买入股票将融券仓位平仓，忽略掉该期间的利息成本和融券成本，则可以获得套利收益 0.764（29.49 − 15.33 − 2.776 × 4 = 0.764）元，套利收益与江西铜业股票的涨跌无关，几乎不承担任何风险。

1.4 认股权证行权情况

2010 年 10 月 11 日，江西铜业发布了江铜权证行权结果公告，江铜权证的行权期为 2010 年 9 月 27 日、28 日、29 日、30 日及 10 月 8 日五个交易日。截至 2010 年 10 月 8 日收市时止，共计 1759615512 份江铜权证成功行权，剩余未行权的 1584488 份江铜权证被注销。

一个值得注意的问题是，尽管江铜权证是一个深度实值期权，但仍然有 1584488 份江铜权证没有成功行权而被注销，按照江西铜业 2010 年 10 月 8 日收盘价 34.23 元计算，这些没有行权的江铜权证，其持有者共计损失 7486706 [(34.23 − 15.33) × 1584488 ÷ 4] 元。

2　思考题

（1）在江铜权证出现较大幅度折价时，市场上出现了多次理论上的套利机会，为何市场上没有出现大量的套利交易？投资者利用江铜权证理论上的套利机会实施套利交易有哪些限制条件？

（2）既然市场上江铜权证的价格被低估，相应地说明江西铜业股票价格被高估了，为什么持有江西铜业股票的投资者没有卖出手中的股票而将其转换成江铜权证？

（3）分离交易可转债与普通可转换债券相比，在融资过程中的优点和缺点是什么?

3 附 录

（1）权证发行期间的沪深 300 指数数据。

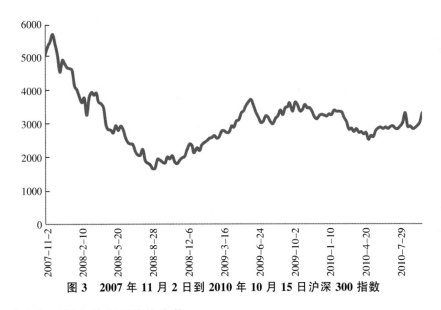

图 3　2007 年 11 月 2 日到 2010 年 10 月 15 日沪深 300 指数

（2）江西铜业的股票价格走势。

图 4　2008 年 9 月 1 日到 2010 年 10 月 15 日江西铜业日 K 线图

4　案例使用说明

4.1　教学目标

（1）本案例主要适用于金融专业硕士研究生金融衍生工具课程，也适用于投资学、金融市场与机构等课程。

（2）本案例的教学目的主要有以下几个：

1）通过分析江铜权证的套利交易，了解权证套利交易的原理，套利交易的成本与限制条件，分析无套利均衡原理的局限性。

2）通过对比普通债券、可转换债券和分离交易可转债的融资过程，了解金融创新的整合技术、分离技术的一般原理。

4.2　案例涉及的知识点

本案例所用到的相关理论主要有期权价值构成与实值期权、虚值期权的概念，B-S 期权定价模型和无套利均衡原理。

4.2.1　期权价值构成与实值期权、虚值期权

根据期权价值构成的性质不同，期权价值可分为内在价值和时间价值。期权的内在价值是不考虑标的资产未来价格的不确定性，假设现在就决定执行或不执行期权所具有的价值。期权的时间价值是一种"波动性价值"，只要持有者还没有执行期权，标的资产价格的未来波动可能会使价格朝着有利于期权持有者的方向变化，价格的波动和期权执行的非对称性会给期权持有者带来等待和选择执行的好处。

根据期权执行价格与标的资产价格的关系，期权可以分为实值期权、虚值期权和平价期权。我们将内在价值大于 0 的期权称为实值期权，内在价值等于 0，只有时间价值的期权称为虚值期权。对于看涨期权，如果标的资产价格高于执行价格，则该期权是一个实值期权，如果标的资产价格远远高于执行价格，我们称这样的期权为深度实值期权；如果标的资产价格低于执行价格，则该期权是一个

虚值期权，如果标的资产价格远远低于执行价格，我们称这样的期权为深度虚值期权；如果标的资产价格等于执行价格，期权为平价期权。

4.2.2 B–S 期权定价模型

欧式看涨期权的定价公式为：

$$c_0 = S_0 N(d_1) - Xe^{-rT} N(d_2)$$

$$d_1 = \frac{\ln(S_0/X) + rT}{\sigma \sqrt{T}} + \frac{1}{2}\sigma\sqrt{T}$$

$$d_2 = \frac{\ln(S_0/X) + rT}{\sigma \sqrt{T}} - \frac{1}{2}\sigma\sqrt{T} = d_1 - \sigma\sqrt{T}$$

其中：c_0 为当前的看涨期权价格；

S_0 为当前的标的资产价格；

$N(d)$ 为标准正态分布中累计概率分布函数；

X 为执行价格；

r 为无风险利率；

T 为期权的到期时间；

σ 为标的资产连续复利年收益率的标准差。

在运用上述公式计算期权价格时，期权期限和期权收益率标准差的时间单位要统一。例如，如果期限以年为单位，波动率 σ 就要取年收益率的标准差。在计算某一个股票年收益率标准差时，我们可以用如下方法计算：首先找到该股票若干天的收益率数据[①]；其次计算该股票的日收益率标准差，标准差可以用 EXCEL 中的 STDEV（·）函数计算；最后把日收益率标准差换算成年收益率标准差，假设 1 年按 240 个交易日计算，可计算出年收益率标准差。

4.2.3 无套利均衡原理

根据无套利均衡原理，股票、认股权证和无风险资产之间存在价格均衡关系。当这种均衡关系被打破时，市场存在套利机会。在江铜权证的交易过程中，由于权证折价交易，市场价格低于期权的内在价值，不满足无套利均衡原理，这时投资者可以通过卖出江西铜业股票，买入认股权证套利。投资者竞相采用这一套利策略，其结果是市场上的套利机会消失，江西铜业股票、权证和无风险资产

---

① 一般收盘价数据，用如下公式计算收益率：$R_t = \ln(S_t) - \ln(S_{t-1})$。

之间重新建立无套利均衡关系。无套利均衡原理可以用于金融衍生产品定价，也可以用于套利机会的判断和套利策略的设计。

4.3 案例分析思路

教师可以根据自己的教学目标（目的）来灵活使用本案例。这里提出本案例的分析思路，仅供参考。

（1）将理论上的套利机会转化为实际的套利收益受到很多的条件限制。根据期权理论，如果期权价格低于其内在价值，即期权价值的下限，市场上就存在理论上的套利机会。如果是看涨期权，这时可以通过卖出股票、买入期权进行套利。但是，理论上的套利机会并不一定能转化成可行的套利策略，套利会受到一些条件的限制，例如要卖出股票、买入权证来套利，股票必须能够卖空才行。而且套利交易要支付必要的交易成本，如交易佣金、印花税、融资融券成本等。由于套利受到限制，理论上的无套利均衡状态在现实的证券市场中经常难以建立，因此衍生产品和标的资产的价格也会经常偏离基于无套利定价原理所确定的理论价格。

（2）分离交易可转债的融资风险。与普通可转换债券相比，分离交易可转债如果运作成功，可以使发行人实现一次发行、两次融资的目的，债券融资是第一次融资，投资者行权买入股票是第二次融资；但如果运作不成功，则最终会演变为一种纯债券融资，公司不得不到期还本付息。考虑到我国上市公司的股权融资偏好，上市公司发行分离交易可转债的主要目的是股权融资，而不是债权融资，所以认股权证不能行权，对上市公司来说是一次失败的融资。

4.4 背景信息来源

关于江铜权证套利机会的相关报道和分析：

（1）无券可融 江铜权证无风险套利成画饼 ［EB/OL］. http：//www.caikuu.com/touzi/quanzheng/438829.html.

（2）江铜终有券可融 巨大套利机会已失 ［EB/OL］. http：//finance.voc.com.cn/article/201008/201008060815593155.html.

（3）无风险套利未能消灭江铜权证负溢价 ［EB/OL］. http：//stock.stockstar.com/JL2010042200000954.shtml.

（4）江铜权证明日谢幕　存 24%套利空间［EB/OL］. http：//www.tianjinwe. com/business/gs/201009/t20100920_1841654.html.

（5）套利生财　教你如何利用金融产品"盲点"赚价差［EB/OL］. http：// www.cnstock.com/index/gdbb/201009/876302.htm.

（6）江西铜业：半年获 10%无风险利［EB/OL］. http：//stock.jrj.com.cn/2010/ 04/0607417243163.shtml.

（7）江铜无风险套利：看得见　摸不着？［EB/OL］. http：//stock.eastmoney. com/news/1473，2010072185236265.html.

（8）无风险套利　不只是"烧红的烙铁"［EB/OL］. http：//www.cs.com.cn/ gppd/10/201009/t20100909_2587626.htm.

4.5　案例要点

（1）在没有做空机制的条件下，权证的套利交易将受到较大的限制。

（2）在市场上实值期权往往会折价交易，甚至会低于其内在价值，而虚值期权往往会溢价交易，市场价格高于其理论价格。

4.6　建议课堂计划

本案例可以作为专门的案例讨论课进行。以下是按照时间进度提供的课堂计划建议，仅供参考。

整个案例课的课堂时间控制在 40~45 分钟。

课前计划：提出启发思考题，请学生在课前完成阅读和初步思考。复习期权定价模型、融资融券交易原理、套利与无套利均衡原理等内容。

课中计划：简要的课堂前言，明确主题　（2~3 分钟）

有关案例相关知识答疑　　　（5~10 分钟）

分组讨论，告知发言要求　　（10~15 分钟）

小组发言　　　　　　　　　（每组 5 分钟，控制在 15 分钟）

引导全班进一步讨论，并进行归纳总结（5~10 分钟）

本案例也可以根据课堂的教学内容的需要选择其中的某一个主题开展课堂分析和讨论，课堂时间由授课教师灵活掌握。

金融危机后中美货币政策比较分析①

武翠芳

摘　要：2007 年美国次贷危机爆发，2008 年次贷危机演变为全球性金融危机并逐步蔓延至实体经济。为了应对金融危机、经济危机，美国连续采取四轮"量化宽松"的货币政策来救市，而中国货币政策则经历了紧缩—适度宽松—再紧缩—再宽松的反复波动。本案例围绕金融危机后中美两国货币政策的实施情况从货币调控手段的差异、基础货币和货币乘数的变化等宏观角度以及银行、企业、社会公众行为等微观角度方面探讨了两国货币政策差异的原因。

关键词：金融危机；货币政策；量化宽松；货币供给

0　引　言

2007 年美国次贷危机爆发，2008 年次贷危机演变为全球性金融危机并逐步蔓延至实体经济。中美两国政府都积极采用货币政策来应对金融危机、经济危机。那么，中美两国在金融危机发生后都采取了什么样的货币政策？对各自经济产生了什么样的影响？为什么相同的政策会有不同的效果？应该从哪些方面对这种差异进行解释？本案例将对此进行全面的分析和讨论。

---

①　本案例在编写过程中参考了陈学彬主编的《金融理论与政策：宏观分析视角》一书中的部分内容，在此表示感谢。

1　正　文

1.1　美国量化宽松的货币政策[①]

为了应对金融危机，从 2008 年 11 月起，美国连续四次实行量化宽松的货币政策（QE1、QE2、QE3、QE4），希望以此促进美国经济的复苏。

1.1.1　QE1

2008 年 11 月 25 日，美联储宣布将购买政府支持企业房利美、房地美、联邦住房贷款银行与房地产有关的直接债务，还将购买由两房、联邦政府国民抵押贷款协会所担保的抵押贷款支持证券（MBS）。这标志着首轮量化宽松政策的开始。至 2010 年 4 月 28 日首轮量化宽松政策结束，美联储共购买了 1.725 万亿美元资产，其中，抵押贷款支持证券 1.25 万亿美元，长期国债为 3000 亿美元，机构证券约 1750 亿美元。与此同时，联邦基金利率降至 0.25% 的历史低位。首轮量化宽松的货币政策导致了央行投放的基础货币大幅度增长，但是货币供应总量，尤其是 M2，却没有如愿大幅增长。更为严重的是，经济中还出现了严重的通货膨胀和失业问题，经济复苏之路任重道远。

1.1.2　QE2

美联储 2010 年 11 月 4 日宣布，启动第二轮量化宽松计划。至 2011 年 6 月结束，美联储从市场共购买了 6000 亿美元的中长期美国国债，并对资产负债表中到期债券回笼资金进行了再投资。这一轮量化宽松政策的力度显然没有第一轮大，由此投放的基础货币增长远小于第一次，但是货币供应量的增速，特别是 M1，却出现了大幅度的上涨。

1.1.3　QE3

2012 年 9 月 14 日，联邦公开市场委员会（FOMC）宣布，将继续维持目前 0%~0.25% 的中央银行基准利率，直至 2015 年中。并从 15 日开始推出进一步量

---

① 360 百科。

化宽松政策（QE3），每月采购 400 亿美元的抵押贷款支持证券，直至就业市场及经济形势出现实质性改善；维持现有扭曲操作（OT）不变，卖出短期债券，买入长期债券，延长债券的平均期限，以压低长期利率，并将操作期限延长到 2012 年底。

1.1.4 QE4

2012 年 12 月 13 日凌晨，联邦公开市场委员会宣布，在失业率高于 6.5% 的情况下，0%~0.25% 的超低利率将保持不变。同时美联储宣布推出第四轮量化宽松政策（QE4），每月采购 450 亿美元国债替代扭曲操作，加上 QE3 每月 400 亿美元的宽松额度，联储每月资产采购额达到 850 亿美元。

第三、第四轮量化宽松政策实施后，基础货币增长速度有所提高，但是货币供应量增速却呈现下降态势并保持相对稳定。

量化宽松的货币政策对于增加市场流动性和刺激经济复苏发挥了积极的作用。2013 年，随着美国经济开始好转，美联储开始着手退出量化宽松的货币政策，逐步下调债券购买规模，最终在 2014 年 10 月 29 日宣布结束资产购买计划，量化宽松货币政策正式退出。

1.2 中国货币政策的变化①

金融危机发生前，中国国民经济平稳快速发展。2007 年国内生产总值继续以两位数的态势增长，达到 11.4%。工业生产增长 13.5%，消费需求增加 16.8%，居民收入平均比上年实际增长接近 11%，税收收入增长 31.4%，贸易顺差继续扩大，达到 2622 亿美元，比上年增长 47.7%，固定资产投资增长 24.8%，出口和投资仍然是拉动经济增长的主要力量。出口和投资在拉动经济增长的同时也拉动了价格总水平上涨。其中，居民消费价格指数比上年增长 3.3%，达到 4.8%，中国面临着较大的通货膨胀压力。从国际市场看，美国次贷危机爆发引发的金融市场动荡使得投机资本从证券市场转向大宗商品市场，需求的增加抬高了大宗商品价格，而美国量化宽松货币政策的实施又进一步刺激了大宗商品价格上涨，使中国面临的通货膨胀压力进一步加剧，治理通货膨胀的任务依然严峻。

---

① 中国人民银行历年货币政策执行报告。

1.2.1　紧缩的货币政策阶段（2008 年 9 月前）

为了控制通货膨胀，2008 年上半年中国央行继续延续前一年紧缩的货币政策。在 2007 年十次上调存款准备金率，存款准备金率从年初的 9%上调至年底的 14.5%的基础上，2008 年央行连续六次调高存款准备金率到 17.5%。因此，货币供应增长率持续下降，M1 从 2007 年底的 21%降到 2008 年 6 月的 14.2%，2008 年底更是进一步降至 9.1%。

1.2.2　适度宽松的货币政策阶段（2008 年 9 月至 2009 年底）

在 2008 年 9 月次贷危机扩散引发全球金融危机后，中国政府迅速采取了适度宽松的货币政策。至 2008 年底，①连续五次下调金融机构贷款利率，一年期贷款利率从 7.47%降至 5.31%，四次下调金融机构存款利率，一年期存款利率从 4.14%降至 2.25%。②四次下调存款准备金率，并且针对不同的金融机构实行差别准备金率，将大型金融机构的存款准备金率降至 15.5%，中小金融机构的存款准备金率降至年底的 13.5%。③从 7 月起逐步调减中央银行票据发行规模和频率；增加再贴现额度，下调再贴现利率，完善再贴现制度；明确取消对金融机构信贷规划的硬约束等。宽松货币政策的实施导致了银行信贷迅速扩张，货币供应量迅速增加，M1 增长率从 2008 年 12 月最低的 9.1%猛升到 2009 年 12 月最高的 32.4%。M2 增长率从 2008 年底的 17.8%增至 2009 年底的 27.7%。货币供给量猛增阻止了危机的蔓延和经济的衰退，但是政策的时滞效应也带来了随后通货膨胀压力加剧的后果。

1.2.3　紧缩的货币政策阶段（2010 年至 2011 年 12 月）

2010 年中国人民银行宣布继续实行适度宽松的货币政策，逐步引导货币条件从反危机状态向常态水平回归；2011 年实行稳健的货币政策。但是事实上，为了控制通货膨胀，不论从货币供给量和信贷增长速度看，还是从存款准备金率和利率调整看，中国的货币政策事实上均处于紧缩状态。货币供给量增速不断回落，至 2011 年底，M1 和 M2 增长率分别降至 7.9%和 13.6%。2010 年、2011 年两年中连续 12 次提高法定存款准备金率（大型金融机构从 15.5%提高到 21%，中小型金融机构从 13.5%提高到 18%）。存贷款利率也相应有所上调，一年期存款利率上调至 2011 年 7 月的 3.5%，一年期贷款利率上调至 6.56%。

1.2.4　宽松的货币政策（2011 年 12 月以后）

2011 年 10 月以后，国际、国内经济形势发生了一些变化：欧洲主权债务危机蔓延，国际经济形势严峻；同时国内经济增长速度放慢，价格上涨幅度逐步回落，通货膨胀压力减轻。因此，央行对货币政策进行了适度预调微调。从 2011 年 12 月开始逐步下调法定存款准备金率，截至 2016 年底，存款准备金率已下降 5 个百分点。存贷款利率也几经下调，一年期存贷款利率分别降至 1.5% 和 4.35%。这一时期，M1 增长率波动较大，2014 年最低为 3.2%，2016 年最高为 21.4%；M2 增长率大体稳定在 11.3%~13.8%。

2　思考题

（1）什么是量化宽松的货币政策？为什么要实施量化宽松的货币政策？

（2）金融危机前后中美两国的货币政策目标（包括最终目标和中介目标）、货币政策工具有何变化？为什么会有这种变化？

（3）数据显示金融危机爆发前美联储一直在紧缩基础货币供应，但是货币供给量却在上升，而在金融危机加剧后美联储大幅度增加基础货币供给，但货币供应增长率却远没有基础货币增长率高，这是为什么？同理，金融危机后美国第二次量化宽松政策的力度不如第一次，但货币供应增长速度却超过第一次，原因何在？

（4）金融危机加剧后，中美两国均实行了宽松的货币政策，分析两国宽松货币政策的实施效果如何。2008 年底到 2009 年上半年，中国的基础货币增长率并不高，但货币供应量却急剧扩张，而美国基础货币猛增，但货币供应量增长却远不如中国，如何解释这种差异？为什么中美两国在危机初期的货币乘数呈现相反的变动？

3 附 录

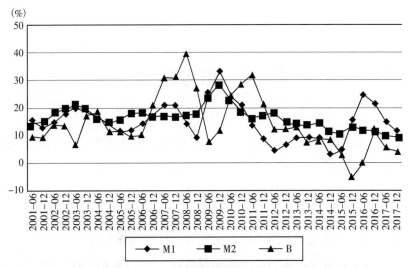

图 1 我国基础货币和货币供给量增长率变动（2001~2017 年）
资料来源：中国人民银行。

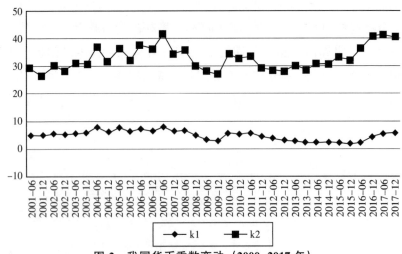

图 2 我国货币乘数变动（2000~2017 年）
资料来源：中国人民银行。

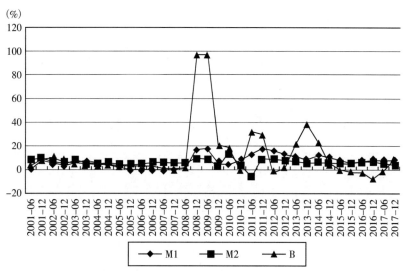

图 3　美国基础货币和货币供给量增长率变动（2001~2017 年）

资料来源：https://research.stlouisfed.org/.

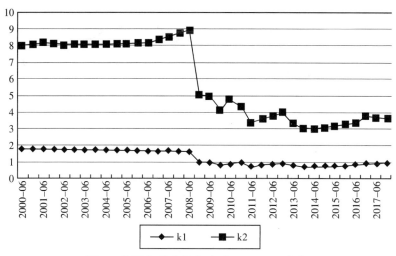

图 4　美国货币乘数变动（2000~2017 年）

资料来源：https://research.stlouisfed.org/.

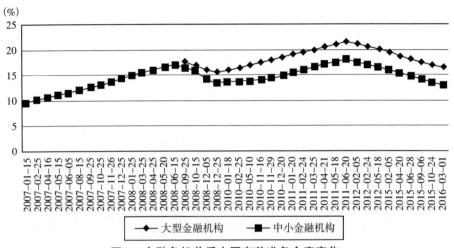

图5　金融危机前后中国存款准备金率变化

资料来源：中国人民银行。

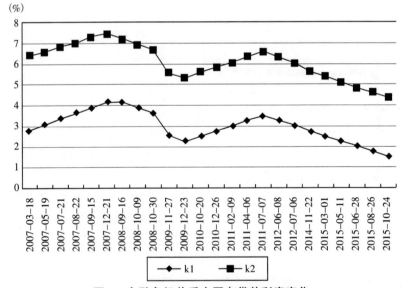

图6　金融危机前后中国存贷款利率变化

资料来源：中国人民银行。

4 案例使用说明

4.1 教学目标

本案例的教学目的在于通过案例学习，使学生了解什么是量化宽松的货币政策，这一政策实施的历史背景，并结合现实分析这一政策实施的效果及影响政策效果的制约条件，进而掌握货币政策理论（货币政策最终目标、中介目标、货币政策工具）和货币供给理论（货币供给层次、基础货币、货币乘数）的有关内容。

本案例主要适用于高等院校金融学硕士和金融专硕《金融理论与政策》课程，也适用于有关课程（如《货币银行学》）的本科生教学。

4.2 案例涉及的知识点

4.2.1 货币政策理论

可以用图 7 来表示货币政策目标和工具体系。

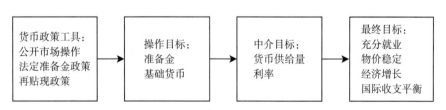

图 7 货币政策目标和货币政策工具体系

量化宽松的货币政策通过购买政府债券等方式（货币政策工具）改变了银行的准备金和基础货币（操作目标），使货币供给量和市场利率发生变化，影响到经济主体的行为，进而作用于物价稳定、充分就业、经济增长等最终目标。其中的关键变量即货币供给量和利率。而在利率由于流动性陷阱的存在不再有效的情况下，货币当局只能借助于量化宽松这种极端做法，向银行系统注入流动性，向市场投放大量货币，以期实现稳定市场、刺激经济的目标。

4.2.2　货币供给理论

货币供给总量是基础货币与货币乘数的乘积（M = kB）。其中，基础货币可以通过在公开市场买卖政府证券、调整再贴现率、再贷款利率和法定存款准备金率等政策工具由中央银行加以控制；货币乘数则取决于中央银行、政府部门、商业银行及社会公众的行为。量化宽松货币政策增加了基础货币的数量，但货币供给总量却不一定按照相同的方向变化。可以用货币乘数的变化来解释基础货币和货币供给总量变动方向上的差异。

4.3　案例分析思路

从货币政策手段、货币供给的构成的角度进行分析。首先，量化宽松货币政策是一种政府对宏观经济进行调控的非常规手段，只有在利率等常规工具不再有效的情况下，货币当局才会采取这种极端做法。结合量化宽松货币政策实施的历史背景将货币政策工具、货币政策中介目标和最终目标等基本理论和现实穿插进来回答相关问题。其次，货币政策的变化会直接影响基础货币，进而通过货币乘数影响货币供给量。结合中美现实，分析金融危机前后两国基础货币和货币乘数、货币供给量 M1 的变化，看量化宽松货币政策的执行效果，并从银行、企业、市场机制的微观角度分析变化的原因，解释政策效果差异的原因。

4.4　背景信息[①]

21 世纪初，美国经济低迷，为了刺激经济，许多贷款机构放宽贷款条件，以低利率发放了大量次级按揭贷款给信用状况较差的个人。随着加息周期的来临，贷款利率大幅度上升，债务人还款负担加重，违约率大幅度上升。2007 年 2 月 13 日，汇丰控股为在美次级住房抵押贷款业务增加 18 亿美元坏账拨备，美国第二大次级抵押贷款机构新世纪金融公司发布 2006 年第四季度盈利预警，美国抵押贷款风险开始显现。3 月 13 日，新世纪金融公司宣布濒临破产，美股大跌。4 月 2 日，新世纪金融公司裁员 54%并申请破产保护。7 月 10 日，穆迪投资服务公司和标准普尔公司降低次级抵押贷款债券评级，引发全球金融市场大震荡。8 月 9 日，法国最大银行巴黎银行宣布卷入美国次级债，全球大部分股指下跌。次

---

① 360 百科。

级债蔓延引发世界各地央行出手救市。

受次贷危机影响，美国五大投资银行相继宣布破产或是转型。先是 2008 年 3 月 16 日摩根大通公司宣布收购濒临破产的第五大投行贝尔斯登，接着是 9 月 15 日，美国第四大投行雷曼兄弟申请美国历史上最大破产保护，第三大投行美林被美国银行收购，最后在 9 月 21 日，美国第一大投行高盛和第二大投行摩根士丹利转型为银行控股公司。至此，美国前五大投行"全军覆没"。其他金融机构也没有逃脱破产的命运。9 月 7 日，美国最大房贷公司房利美和房地美破产，被美国政府接管。9 月 17 日，世界最大保险公司美国国际集团被美国政府正式接管。9 月 25 日，美国最大储蓄银行华盛顿互惠银行被美国联邦监管机构接管。美国金融机构大量倒闭，导致美国和世界金融市场暴跌，多国金融机构陷入危机，金融危机迅速扩散至世界各国并蔓延至实体经济领域。

金融机构大量倒闭使得信贷市场收紧，实体经济由于缺乏资金支持，出现流动性不足，资金链条中断，大量生产企业倒闭，失业率大幅度上升。金融危机转变为经济危机。2009 年第一季度危机最严重的时候，不仅发达国家经济严重衰退，发展中国家经济增速也大幅回落，就连经济增长最快的中国，GDP 增速也从 2007 年第三季度最高 13.4% 下滑到 2009 年第一季度的 6.1%。

4.5 案例要点

案例分析的关键在于：①货币政策工具（购买政府债券）—货币政策操作目标（基础货币）—货币政策中介目标（货币供给量）—货币政策最终目标（经济增长）的传导关系。量化宽松货币政策的实施标志着美国货币政策调控手段的转变，即由危机前的利率转变为危机后的货币供给量。②基础货币和货币乘数对货币供给总量的影响。量化宽松的货币政策增加了基础货币，但是货币供给总量能否增加取决于货币乘数的变化，这又取决于经济主体（银行、企业、社会公众等）的行为。

4.6 建议课堂计划

整个案例的课堂计划包括课前、课中和课后三部分，其中课中时间控制在 1 课时。

4.6.1 课前计划

在基础知识和基本理论的教学中就将案例提前布置给学生，并提出启发思考题，要求学生在课前完成相关资料的查阅和初步思考，并特别强调学生在案例课的表现与平时成绩相挂钩。

4.6.2 课中计划

（1）简要的课堂前言，并明确案例主题及学生需要重点思考的问题（2~3 分钟）（如本案例中，主题即为金融危机后中美两国货币政策的比较，学生需要思考的重点问题包括：中美各采用了什么样的货币政策来应对危机带来的影响？这些政策的效果如何？有无差异？差异何在？原因何在？）。

（2）案例展示（7~8 分钟）。在引导学生阅读案例的同时适时在案例的每一具体部分和学生形成短暂互动，如向学生提问一些基础知识，或提前布置需要学生回答的问题（如本案例中，什么是量化宽松的货币政策），并回答学生在案例进程中的一些简单问题，鼓励学生对案例提出的课堂思考给出初步的答案。

（3）分组讨论（15~20 分钟），可以根据学生对不同问题的兴趣进行相应分组，讨论的内容包括但不局限于案例本身即案例中附带的相应问题，要求学生针对具体问题给出自己的答案，并告知学生发言要求。学生也可针对案例提出自己的问题，并展开讨论，形成自己的观点。

（4）小组发言（20 分钟）。引导各组就各自的问题讨论结果进行发言，并鼓励全班对发言内容提出不同意见，从而使各个问题能够得到进一步讨论，最后教师进行简单归纳总结，并引导学生就案例的问题进一步思考（如本案例中，除了从货币政策工具的使用、基础货币、货币乘数等变化来解释两国政策效果差异外，还可以延伸思考，从银行、企业、市场机制的微观角度加以解释）。

4.6.3 课后计划

根据课前准备及课中讨论的内容，学生就自己感兴趣的与案例相关内容写成小论文，论文不限字数但必须能反映出学生是否自己进行了独立思考。教师将学生的课上表现及小论文的内容算作学生平时成绩的一部分。

欧洲债务之殇
——欧洲债务危机案例分析

李海燕

摘　要： 国际经济金融一体化的背景下，一国或区域性金融危机的灾难性影响是全球性的。因此，任何一次金融危机，包括银行危机、债务危机、货币危机等都会引起全球各国的高度关注，尤其会成为理论界的研究分析焦点，以期对后发经济进行警示。欧洲债务危机（也称欧洲主权债务危机）是人类货币史上的首次经济货币共同体遭遇的债务之殇，该危机影响范围广、涉及国家多、影响程度深，成为国际金融发展史上的一次典型性危机案例，也是金融理论评价和分析的经典案例。本案例介绍了欧债危机发生的背景、危机进程及救助方案，以期引导学生探究危机的成因，进而结合国际背景和中国的经济实践来分析探讨该危机对国家债务管理、共同货币、福利制度、危机中各国政策协调等方面的影响与启示，从而加深对相关金融理论的理解和金融实践的认识。

关键词： 欧洲债务危机；货币共同体；欧元；财政政策；货币政策

0　引　言

由于经济发展的密切联系和宗教的同源，法国、联邦德国、意大利、荷兰、比利时和卢森堡六国于 1965 年成立欧洲共同体。1991 年 12 月 11 日，欧共体马斯特里赫特首脑会议通过《马斯特里赫特条约》，旨在建立欧洲经济货币联盟和欧洲政治联盟。1993 年 11 月 1 日，该条约正式生效，欧共体更名为欧盟。此后，欧盟经历了 6 次扩大，成为一个涵盖 27 个国家（英国、法国、德国、意大利、荷兰、比利时、卢森堡、丹麦、爱尔兰、希腊、葡萄牙、西班牙、奥地利、瑞典、芬兰、马耳他、塞浦路斯、波兰、匈牙利、捷克、斯洛伐克、斯洛文尼亚、爱沙尼亚、拉脱维亚、立陶宛、罗马尼亚、保加利亚）的区域经济货币联合体。欧盟从国土面积、人口总数、国民生产总值、对外贸易等方面都堪与美国比肩[①]。其中 17 个国家法定货币是欧元[②]。

根据该条约的规定，欧盟区内各国财政政策和货币政策是分开实施的。欧元区各国在统一的财政要求下实施各自的财政政策，而各国的货币政策自主权上交到欧洲中央银行，实施欧盟一体化的货币政策。欧元区外的欧盟其他成员国需要遵循该条约的财政约束，但拥有自己独立的货币及原则上相互协调一致的货币政策。

不同于欧共体六成员国的是，欧盟 27 个成员国及欧元区 17 个成员国在经济金融发展状况、财政状况、政策执行力度、财政约束、福利状况等方面差距很大，债务负担千差万别。

2004 年 10 月 29 日，欧盟 25 国通过了统一宪法。这是欧盟的第一部宪法，欧盟一体化更进一步。

但欧盟形式上的一体化进程加速并没有带来经济上的协调共进，反而集体陷入债务困境。

2009 年末，国际知名信用评级机构标准普尔和穆迪投资服务公司先后下调希腊主权债债信级别，希腊债务危机浮出水面，此后债务危机便在欧盟诸国如瘟疫般传染蔓延，葡萄牙、西班牙、爱尔兰、意大利先后失陷，法国也受到波及；希腊危机愈演愈烈。欧盟诸国开始自救并要求美国和国际金融组织施以援助。2012 年，经过一系列的自我纠错和外部援助，欧洲债务危机渐渐平息，但余波尚存。

债务危机作为国际金融市场上的典型性事件，对一国债务管理、福利政策、区域共同货币、国际经济政策协调等方面有巨大的启示和警示作用，本次危机发

---

① 2016 年 6 月 23 日，英国公投宣布退出欧盟，欧盟成员国减少到 26 个。但该案例中提及的欧洲债务危机时期英国尚在欧盟。故案例分析中仍将英国纳入欧盟来分析。

② 分别是德国、法国、意大利、荷兰、比利时、卢森堡、爱尔兰、希腊、西班牙、葡萄牙、奥地利、芬兰、斯洛文尼亚、塞浦路斯、马耳他、斯洛伐克、爱沙尼亚。

生于欧洲经济货币联盟诸国，其影响几乎遍及全球所有的开放经济体，是多种金融理论和政策都要涉及的分析素材。

1　正　文

1.1　欧债危机的背景

欧债危机是主权债务危机，即以主权国家为债务人或债务担保人的债务危机。欧洲国家的高福利由来已久，具有深厚的历史根基，也是其社会经济发展的独特之处。债务规模可持续是债务经济发展可持续的前提，然而，世界经济的列车进入 21 世纪后，经济发展速度开始放慢，欧洲的债务负担日益沉重。

2008 年，世界金融的中心美国爆发了次贷危机。在高度一体化的全球金融市场，次贷危机迅速蔓延，与其联系密切的欧洲诸国，尤其是欧元区国家首先中招。

早在 2008 年 10 月，冰岛主权债务问题就已凸显，而后是中东欧债务危机爆发，但这些国家经济规模小，国际救助及时，其债务问题并未酿成风暴，也未引起高度的重视。2009 年 12 月，欧盟大国希腊的主权债务问题暴露出来，并开始发酵蔓延至"欧猪五国"（葡萄牙、意大利、爱尔兰、希腊、西班牙）。其间，美国三大评级机构连连下调希腊等债务国的信用评级。至此，欧洲债务危机全面爆发。

1.2　欧债危机的发生、发展进程（详见附录 1）

由于高福利的历史原因，欧盟诸国在 21 世纪初经济下行时期遭遇了严重的债务问题：经济红利无法支撑高高在上的社会福利，只能依赖债务支持。这是引发欧债危机的社会诱因。

1.2.1　开端

2009 年 12 月 8 日，全球著名信用评级机构惠誉公司调低了希腊主权信用评级，由原来的 A–下调至 BBB+，前景展望为负面。欧债危机由此拉开帷幕，随着债务问题的暴露和恐慌情绪的蔓延，欧洲多国深陷债务泥潭。标普、穆迪、惠誉三大知名评机构多次下调希腊的国家信用评级，希腊债务危机被引爆。

1.2.2 发展

希腊债务危机之后，欧洲其他国家也相继陷入危机，欧盟的比利时、西班牙等国经济实力较强，经济社会发展比较稳健，但这些国家也发出了赤字预警。至此，整个欧盟都受到债务危机困扰。穆迪对葡萄牙的债务警告、西班牙高企债务数据的公布以及资本市场的剧烈反应，推动了欧债危机的进一步发展。

1.2.3 蔓延

由于区域高度的经济金融一体化，债务危机开始影响到欧元区的龙头国家德国，欧元大幅波动，欧洲股市暴跌，整个欧元区风雨飘摇。同时，国际舆论四起，欧盟上下充满悲观情绪，债务危机开始蔓延扩散，不良的债务数据不断爆出。

1.2.4 升级

危机发展到无法自救的程度后，2010 年 4 月，希腊正式向欧盟和 IMF 请求援助，欧债危机升级。伴随着希腊债务问题的加剧，三大评级机构推波助澜，不断下调希腊主权信用等级。标准普尔甚至将希腊主权债务长期评级下调至 CCC，指责希腊的债务重组方案，令希腊处于选择性违约境地。由此引发市场恐慌，银行也开始暴露债务问题。法国、意大利、希腊、葡萄牙等国家的多家银行及其业务被降低信用等级，债务危机开始向银行系统蔓延，危机升级。

1.3 欧债危机的救助

欧债危机发生发展过程中，深陷危机的政府向传承多年的福利制度、税收制度和退休制度开刀，大刀阔斧地削减福利、增加税收以充实政策财力，并延长退休年龄。但由于传统观念的根深蒂固，政府的变革措施并未取得明显效果，反而引发了部分民众的愤怒，大规模的游行示威甚至演变为暴力事件。

欧盟、欧元伙伴国、欧盟大国、欧洲中央银行、IMF 及美联储相继出台了一系列的救助方案，旨在疏解债务困境，助力危机国渡过难关（详见附录 2）。

1.4 欧债危机期间的经济社会动荡

欧债危机重创了欧洲的经济，资本市场也出现了大的波动。更为严重的是，欧债危机造成了社会恐慌，欧洲多国爆发了大规模游行示威，抗议政府的紧缩政策，游行示威活动一度演变为暴力活动。多国政坛动荡，"欧猪五国"总理全部下台（详见附录 3）。

2 思考题

（1）结合欧盟各国的政治、经济和社会状况分析欧债危机爆发的机理和原因。

（2）分析欧债危机中欧盟及国际金融组织的援助效果。

（3）结合实际分析欧债危机对欧盟经济、全球经济及中国经济的影响。

（4）结合欧盟和中国的实际分析欧债危机对中国债务管理的启示。

（5）根据欧盟和统一货币的运行原则，分析经济货币联盟内部政策协调的方式。

3 附 录

附录 1：欧债危机的发生发展历程[①]

开端

2009 年 12 月 8 日，惠誉公司将希腊主权信用评级调低，由 A－下调至 BBB+，前景展望为负面。

2009 年 12 月 15 日，希腊发售 20 亿欧元国债救急。

2009 年 12 月 16 日，标准普尔公司也将希腊的长期主权信用评级调低，由 A－下调为 BBB+。

2009 年 12 月 22 日，穆迪公司跟进，将希腊主权评级从 A1 下调到 A2，评级展望为负面。

[①] 根据欧洲中央银行官网、IMF 官网、FRS 官网、中金博客素材整理汇总。

标普、穆迪和惠誉三大评级机构对希腊主权债务信用级别的下调引爆了希腊债务危机。但由于希腊经济体量小，金融界认为债务危机影响不会扩大。

发展

2010年1月11日，穆迪公司发出警告，葡萄牙若不采取有效措施控制赤字，将继续调降该国债信评级。

2010年2月4日，西班牙财政部发出赤字警报，西班牙2010年整体公共预算赤字将占到本国GDP的9.8%，政府债务负担告急。

2010年2月5日，西班牙政府债务危机引发了市场恐慌，西班牙股市暴跌6%，创下15个月以来最大跌幅。

蔓延

2010年2月4日，德国预计2010年预算赤字占GDP的5.5%。

2010年2月9日，欧元空头头寸已增至历史最高纪录——80亿美元。

2010年2月10日，巴克莱资本数据表示，在希腊、爱尔兰、葡萄牙及西班牙，美国银行业的风险敞口已达1760亿美元。

2010年3月24日，惠誉国际信用评级有限公司将葡萄牙政府债务信用评级从AA级下调至AA-级。

升级

2010年4月23日，希腊正式向欧盟与IMF申请援助。

2010年6月14日，穆迪将希腊主权信用连降4级，由A3级降至Ba1，即"垃圾级"。

2010年11月2日，爱尔兰政府宣布大规模削减2011年预算，爱尔兰主权信用违约掉期（CDS）再创新高，欧洲央行当日已入市干预，买进爱尔兰国债。爱尔兰债务危机爆发。

2011年1月14日，惠誉将希腊主权信贷评级由BBB-级下调至BB+级，评级展望为负面。

2011年3月7日，穆迪将希腊国债评级从Ba1下调至B1，评级前景为负面。

2011年3月29日，标准普尔将希腊主权信用评级由BB+下调至BB-。

2011年7月4日，标准普尔将希腊主权债务长期评级从B下调至CCC，提出以新债换旧债计划，令希腊处于选择性违约境地。

2011年7月27日，标准普尔下调希腊主权信用评级至CC，展望为负面。

标准普尔不看好希腊债务重组计划，认为其重组计划实际上是"廉价交换"，债务交换和展期选项"对投资者不利"，希腊债务重组相当于"选择性违约"。

2011 年 9 月 14 日，穆迪调降法国 3 家主要银行评级。

2011 年 9 月 21 日，标普调降意大利 7 家银行的长期评级，并将另外 8 家意大利银行的评级调降至负面。

2011 年 9 月 23 日，穆迪下调希腊 8 家银行的长期存款评级，并将所有希腊银行的长期存款和债务评级前景均调降为负面。

2011 年 10 月 7 日，穆迪下调葡萄牙 6 家银行和 12 家英国金融机构评级；标普调降德克夏银行 3 种主要业务评级。

至此，欧债务危机升级，开始大规模向银行界蔓延。

附录 2：欧债危机的救助计划与措施一览

表 1　欧债危机的救助措施[①]

时间	援救方	援救数额及内容
2010 年 5 月 3 日	德国	出资 224 亿欧元援助希腊
2010 年 5 月 7 日	意大利	意大利内阁批准希腊援助计划。根据欧元区成员国和国际货币基金组织达成的 1100 亿欧元希腊救助计划，意大利将总共出资 184 亿欧元
2010 年 5 月 9 日	IMF	IMF 执行委员会通过了对希腊三年期待拨贷款计划：同意动用紧急融资机制中规模 302.5 亿欧元向希腊提供支持，其中已经支付贷款规模为 55 亿欧元
2010 年 5 月 9 日	欧元区伙伴国	欧元区伙伴国提供总额为 800 亿欧元的贷款，已支付的首笔贷款规模为 145 亿欧元
2010 年 5 月 19 日	欧元区	首笔 200 亿欧元的贷款援助希腊
2010 年 5 月 21 日	德国	批准欧盟总额 7500 亿欧元的救助机制，德国将对其中的 1480 亿欧元信贷提供担保
2010 年 9 月 7 日	欧元区	提供第二笔贷款援助希腊，总额 65 亿欧元
2010 年 11 月 21 日	爱尔兰	与欧盟达成了金融救助计划协议。救助总额将少于 1000 亿欧元
2011 年 7 月 21 日	欧元区	再次向希腊提供 1090 亿欧元贷款援助。贷款到期时间从 7 年半延长到 15~30 年；利率从 4.5% 降低至 3.5%。银行等私营机构同意在 2014 年前经由回购希腊债券等方式出资大约 500 亿欧元援助希腊

---

① 根据 IMF 官网、中国人民银行官网、国研网、中金博客数据资料汇总整理。

续表

时间	援救方	援救数额及内容
2011 年 11 月 30 日	欧盟	欧盟经济和财务事务理事会通过了银行注资提高核心资本金率的方案；同日，美联储联手欧洲、日本、英国、加拿大、瑞士等央行，将美元流动性互换利率下调 50 个基点，并将互换协议延长至 2013 年 2 月 1 日
2011 年 12 月 21 日	欧洲央行	首次推出 3 年期 LTRO 操作，共吸引了 500 多家欧元区银行参与投标，总投标额超过 4890 亿欧元
2012 年 2 月 29 日	欧洲央行	第二次长期再融资操作（LTRO），欧洲央行宣布将向 800 家欧洲金融机构贷出 5295 亿欧元的 3 年期低息贷款，放贷量超过市场预期
2012 年 3 月 6 日	希腊	希腊财政部表示，希腊六大银行均已经决定自愿参与私人部门债权人换债计划，以减轻该国沉重的债务压力。这意味着这些银行将承受高达 74% 的所持债务资产损失
2012 年 9 月	欧洲央行	推出救市新计划"直接货币交易"（OMT）

附录 3：欧债危机期间的经济社会动荡[①]

2010 年 2 月 5 日，债务危机引发市场恐慌，西班牙股市当天急跌 6%，创下 15 个月以来最大跌幅。

2011 年 2 月 23 日，希腊爆发了一场持续 24 小时的大罢工，旨在反对政府所采取的紧缩措施。

2011 年 3 月 23 日，葡萄牙议会投票否决政府所递交的旨在应对债务危机的财政紧缩方案，此举为葡萄牙政府垮台拉开了序幕。随后，葡萄牙总理苏格拉底宣布辞职。

2011 年 6 月 14 日，希腊总理帕潘德里欧（George Papandreou）改组内阁解雇了现任财长帕帕康斯坦蒂努（George Papaconstantinou）。

2011 年 10 月 14 日，美国纽约爆发了"占领华尔街"活动，约 5000 名德国各界民众聚集在德国法兰克福的歌德广场举行了主题为"占领欧洲央行"的抗议活动。

2011 年 10 月 19~20 日，希腊工人大罢工。

2011 年 11 月 6 日，希腊总理帕潘德里欧下台。

---

① 根据《期货日报》2012 年 11 月 1 日，中金博客，《上海证券报》2012 年 3 月 1 日，《中国财经报》2011 年 12 月 29 日、2012 年 1 月 5 日，《第一财经日报》2010 年 7 月 27 日素材汇集整理。

2011 年 11 月 8 日，意大利总理贝卢斯科尼宣布辞职。

2012 年 1 月 4 日，高盛（Goldman Sachs Group）首席经济学家 Jan Hatzius 表示，欧元区已经陷入"严重衰退"，并认为欧洲可能会爆发新一轮金融动荡。

4　案例使用说明

4.1　教学目标

本案例适用于金融专硕课程《金融理论与政策》《货币金融理论与政策》及《金融危机管理案例》等课程的教学案例分析。案例内容分析与货币金融理论与政策中金融危机（包括银行危机、债务危机、货币危机）理论与政策、金融危机管理案例中债务危机管理案例相契合。旨在通过对案例的学习、分析，更形象深入地了解金融危机理论和政策中债务危机的产生原因、救助政策与救助效果、产生的影响以及对后发经济的警示与启示。

4.2　案例涉及的知识点

债务危机管理理论，包括危机原因、后果、指标分析、救助机制等；货币一体化理论，即蒙代尔及相关经济学者的区域货币一体化理论与实践；社会福利分配理论，在此即欧盟高福利的理论与实践；财政货币政策相互协调的理论与实践；危机救助机制；经济政策的国际协调理论与实践；等等。

4.3　案例分析思路

（1）首先在理论上了解债务危机发生的机理，包括经济基本面分析、债务指标分析、政策背景分析、分配的结构分析、政府的偏好分析、经济关联国的状况分析等。

（2）了解危机的发生发展过程。

（3）结合危机涉及国家的经济金融实践与政策构架、制度安排等分析债务危机的具体原因。

（4）结合债务危机的后果来分析危机的影响，包括对欧盟诸国本身、特定的关联国、世界经济、经济大国及对我国的影响。具体从贸易、银行、货币政策、债务政策、国际间政策协调等多方面进行分析。

（5）结合救助方案分析救助效果，引申分析市场经济条件下特别时期的救助和日常救助的不同，分析救助效果，找出救助方案的不足之处。

（6）在进行案例分析的过程中，注意所学的货币金融理论与实践相结合，并找出危机实践中与传统理论不一致的地方，具体分析原因。

4.4 背景信息

欧洲的高福利政策遭遇经济下滑后，财政难以为继，因此债务负担日益沉重，债务危机隐患已在；2008 年，美国的次贷危机冲击全球经济体，与美国经济金融关系密切的欧洲首当其冲；美国的"占领华尔街的活动"刺激了欧洲国民的诉求意识；欧元区财政货币政策割裂实施。

4.5 案例要点

欧债危机的背景、历程和救助措施是一般性描述，本案例分析的重点在于：通过收集整理相关资料分析本次债务危机爆发的原因、影响和对后发经济金融发展的启示，通过数据对比，分析一国的债务政策和债务指标，找出异常的因素，提出一国债务管理的合理化建议。

针对不同研究方向的学生，分析侧重点可以不同。如针对国际金融方向的学生，可以以欧元统一货币为切入点，分析独立的财政政策和统一的货币政策掣肘欧元区国家政策实施效果的状况；银行方向的学生可以重点分析欧债危机对银行的冲击及救助措施；偏向投资方向的学生可以收集危机期间欧洲资本市场的数据信息进行影响分析。

4.6 建议课堂计划

本案例可用于三门金融专业硕士课程的教学过程。即《金融理论与政策》（34课时）、《货币金融理论与政策》（51课时）和《金融危机管理案例》（34课时）。

《金融理论与政策》《货币金融理论与政策》可安排本案例课堂教学 1 课时、课下准备 2 课时。课堂教学给出案例，描述背景和过程，介绍相关的知识点。课下准备要求学生收集资料，查看相关数据，分析危机的原因、影响等，由学生课堂上提交分析结果，不设标准答案。鼓励根据理论与实践的发展提出独特的见解；《金融危机管理案例》安排课堂讲解时间 1 课时，课下准备 2 课时，课堂讨论 1 课时。这是因为，本课程讲述的四大金融危机中债务危机是其中之一，所占时间较长，有必要课堂讨论。

5　案例的后续发展

2014 年欧债危机已趋于缓和，欧盟债券收益率持续下行。但欧洲的高福利政策和欧元区统一货币所带来的政策掣肘、利益共享但风险不愿共担、主权国家利益与区域经济协调的矛盾依然存在。我们会不断跟踪欧洲债务的发展状况，及时补充最新的资料，并在教学安排中适时作出相应的调整。

股价异动背后的利好与利空
——以重庆啤酒乙肝疫苗事件为例

张　超

摘　要： 本案例以重庆啤酒乙肝疫苗事件为研究对象，从 1998 年 12 月重庆啤酒收购重庆佳辰生物工程有限公司，介入乙肝疫苗项目，到 2015 年 12 月 16 日的项目转让，时间跨度达到 17 年，重庆啤酒上市公司的股价也经历了剧烈波动。本案例试图通过股价异动的表象深入研究影响股价波动的真实因素，从信息披露、公司估值、基金投资等多个角度对本案例进行深入揭示。

关键词： 重庆啤酒；乙肝疫苗；股价异动

0　引　言

在股票市场中，股价的大幅异动通常都与消息面存在较大的关系。本案例以上市公司——重庆啤酒（600132.SH）的股票价格波动为例，从 1998 年 12 月重庆啤酒收购重庆佳辰生物工程有限公司介入乙肝疫苗项目，到 2015 年 12 月 16 日的项目转让，时间跨度达到 17 年，重庆啤酒上市公司的股价经历剧烈的"过山车"式波动。如何看待市场信息乃至小道消息对股票价格的影响以及如何解读股票价格在消息面刺激下的异动成为本案例研究的重点内容。

1 正 文

1.1 重庆啤酒乙肝疫苗事件的始末

1.1.1 第一阶段：概念初成（1998~2004 年）

1998 年 12 月，重庆啤酒刚刚上市一年，就靠收购佳辰生物，和乙肝疫苗挂上了钩，一个由上市公司、分析师以及机构共同编织的"疫苗神话"，就此拉开了序幕。

1999 年 4 月 5 日，重庆啤酒在没有任何利好的情况下放量涨停。

1999 年 4 月 6 日，重庆啤酒公告称 1435.2 万元购买重庆佳辰生物 52% 的股权。

1.1.2 第二阶段：持续上涨（2005~2010 年）

在这个阶段，重庆啤酒的股价上涨与乙肝疫苗概念如影随形，十几年间，"疫苗概念"最终取代了啤酒，成为重啤闯荡 A 股市场的名片。

2005 年 6 月 27 日，重庆啤酒在无任何利好情况下涨停。

2005 年 6 月 28 日，重庆啤酒公告称乙肝疫苗完成了 I 期试验，II 期、III 期试验的申请获得通过。

2009 年 8 月 26 日，重庆啤酒公告了 II 期乙肝疫苗的研究进展，暂停的乙肝疫苗试验继续实施，在此利好公布的前一天，重庆啤酒大涨 8.27%。

2008 年 9 月 18 日到 2010 年 11 月 17 日，重庆啤酒的涨停板达到 16 个，股价涨幅高达 783.58%，同期上证指数涨幅只有 47.16%。

1.1.3 第三阶段：尘埃落定（2011 年至今）

伴随乙肝疫苗概念的破灭，重庆啤酒公司的股价也实现了一个轮回。

2011 年 11 月 24 日，重庆啤酒公告称，将于 11 月 27 日召开乙肝疫苗 II 期临床试验揭盲数据，于 12 月 5 日复牌。

2011 年 12 月 5 日，重庆啤酒发布致歉公告，揭盲数据直到 12 月 8 日才公布，试验结果数据大幅低于预期。根据试验总结报告显示，治疗用（合成肽）乙型肝炎疫苗单独治疗慢性乙型肝炎,治疗剂量从 600 微克/次提高到 900 微克/次时,在主要疗效指标和次要疗效指标中,多组试验对比都"无统计学差异",即疫苗在各组试验中均无显著疗效。

2011 年 12 月 20 日,重庆啤酒连续 9 个无量跌停,从 72.95 元跌至 31.39元,跌幅达 61.28%,10 天内市值蒸发 250 亿元。

2011 年 12 月 20 日晚间,大成提议重啤召开股东大会罢免董事长。

2015 年 12 月 16 日,重庆啤酒发布的董事会决议公告显示:公司决定将乙肝疫苗项目转让给江苏孟德尔基因科技有限公司,转让价款 100 万元,获得董事会 11 名董事全票通过。

1.2　重庆啤酒的乙肝概念的由来

重庆啤酒股票的大起大落始终离不开其所宣称的"乙肝疫苗"概念。我们可以从一则股评来初步了解"乙肝疫苗"概念的内容。

兴业证券强烈推荐　橘子快红了（2010 年 3 月 30 日）

治疗性乙肝疫苗相比目前的治疗乙肝药物,有如下优点:①治疗效果更好,以血清学指标判断,有效率可能高于目前的治疗药物;②副作用更小,治疗性乙肝疫苗的剂量安全,副作用远小于现有药物;③反弹可能性小。从以上几点分析,我们认为,治疗性乙肝疫苗将很有可能超过现有治疗药物,成为一线用药。

从机理上说,治疗性乙肝疫苗可以实现肝病毒彻底清除这一目标,因为其原理就是模拟人自然状况下的清除乙肝病毒过程。而这也可能是治疗性疫苗最激动人心的看点。

治疗性乙肝疫苗达到现有治疗药物的效果是没有问题的,由于这是具有自主知识产权的一类新药,定价上会有优势,我们认为能占有相当高的市场份额,潜在数量在 2000 万~3000 万人。

如果出现超预期的治疗效果,其市场空间会超过我们的想象。如果在大范围临床中,观察到更优的结果,例如出现 s 抗原转阴或者出现 s 抗体,那么意味着乙肝病毒的彻底清除。治疗性乙肝疫苗将超越所有的乙肝治疗药物,达到它们所无法企及的高度。这样其对应的市场可能是 1.2 亿乙肝病毒携带者(特

别是无症状的健康携带者），这有可能从根本上改变中国乙肝群体庞大的状况，具有极高的社会意义和经济价值。

我们认为从目前的信息判断，治疗性乙肝疫苗的成功可能性很大，前景可能超过我们此前的预期，继续维持"强烈推荐"评级。

资料来源：兴业证券网站，有删节。

2 思考题

2.1 问题一：如何理解上市企业的信息披露

重庆啤酒的乙肝疫苗概念自 1998 年提出至 2011 年破灭持续达 13 年，其股价涨幅在 13 年里达到了惊人的 27 倍，即便在萧条的 2011 年，依然逆势上涨。然而伴随神话的破灭，重庆啤酒股票的连续跌停再次引起市场的巨大反响。在这十多年的神话编织过程中，有太多的人为因素让人质疑，而其中公司的信息披露情况引起了社会公众的质疑。十多年间，这家公司只说一个故事，且始终神龙见首不见尾，从 2002 年 6 月开始，关于佳辰生物的乙肝疫苗研制和临床试验进程，公司发过数十个公告，内容大同小异，均表示其乙肝疫苗的 II 期临床研究正常进行，不同的只是刷新受试者的数字，而真正的有关其临床试验效果的核心数据始终未露真容。仅从公司公开披露的年报等财务数据看，公司的经营情况与其股价走势远不相称。

针对投资者质疑公司信息披露不够及时和规范，重庆啤酒董秘曾回答："我们是这个项目的投资方，这是一个研究性项目，我们无法确定这个研究性项目的风险。到目前为止，我们在信息披露上没有可以参照的模板，我们在现行的证券法律法规及制度上，也找不到有关上市公司披露研发项目流程的内容，也没有一个相关信息的（披露）规范。"而事实上，当该股还在很低价位时，关于该股的未来神话就已经在小范围内传开，有一些人持有该股数年，获利丰厚。

事实上，关于上市公司的信息披露，中国证监会在 2007 年初即发布了《上市公司信息披露管理办法》。此外，中国证监会与两地交易所还就信息披露问题发布过多项政策法规，如"公开发行证券的公司信息披露内容与格式准则"等。那么，我们如何来看待重庆啤酒这家上市公司在信息披露中出现的问题？

2.2　问题二：如何实现对上市公司的准确估值

从可查阅到的研究报告分析，早期证券机构对重庆啤酒的股价认识存在分歧，其中既有平安证券、兴业证券等对其的"强烈推荐"，也有国信证券、国泰君安对疫苗业务的前景持有谨慎保留意见。但到了 2009 年 2 月，重庆啤酒的乙肝疫苗 II b 期临床试验进入正式试验阶段时，其股价已从 8.05 元的低点开始不断飙升，到当年末已经翻了两番（年末收于 22.87 元）。同期平安证券研究员廖万国明确指出，乙肝新药上市后第一年可以实现近 5 亿元销售收入和 2 亿元净利润，上市后 10 年内每年将可能有 30% 左右的增长率，产生数百亿元的销售收入。他保守测算重庆啤酒每股股价应高于 40 元。果然，股价在 2010 年下半年突破 40 元并在 2010 年 11 月 16 日达到 78.68 元的高峰。

此后廖万国于 2011 年 3 月 24 日对重庆啤酒给出每股 156 元的目标价（当日股票收盘价 64.53），理由是："治疗用合成肽乙肝疫苗 2014 年上市的可能性极大。保守测算治疗用（合成肽）乙型肝炎疫苗上市后 10 年可以产生 800 亿元以上的销售收入和过百亿元的净利润。我们预计随着 2011 年 10 月 II b 期临床试验结束并显示优异的安全性和疗效效果，重庆啤酒股价将上升至一个新的台阶，将可以达到其未来 5 年连续经营贴现价值的一半即每股 144 元，加上啤酒业务价值 12 元，即每股价值在 156 元。"

而在疫苗泡沫破灭之后，查看啤酒行业的估值水平，燕京啤酒 16 倍动态市盈率[①]、青岛啤酒 21 倍、惠泉啤酒 33 倍、珠江啤酒 69 倍，取以上四家公司的均值为 34 倍动态市盈率。若重庆啤酒目前 165 倍的动态市盈率回归到 34 倍的行业均值，即股价约为 15 元每股（截至 2014 年 6 月 9 日，重庆啤酒股价收盘价为 14.78 元）。

我们的问题是，面对市场中林林总总的信息，我们如何实现对股票的准确估值？具体的估值方法应该如何选择？

---

① 动态市盈率，其计算公式是以静态市盈率为基数，乘以动态系数，该系数为 $1/(1+i)$ n，i 为企业每股收益的增长性比率，n 为企业可持续发展的存续期。动态市盈率一般都比静态市盈率小很多，代表了业绩增长或发展的动态变化。

2.3 问题三：股价异动与消息究竟存在何种关系

回顾重庆啤酒股票价格的走势可以发现，每在消息公布前其价格往往会出现异动，如 1999 年 4 月 5 日，重庆啤酒在没有任何利好的情况下放量涨停，第二天公司即公告购买重庆佳辰生物 52% 的股权。2005 年 6 月 27 日，重庆啤酒在无任何利好情况下涨停，第二日公司即公告称乙肝疫苗完成了Ⅰ期试验，Ⅱ期、Ⅲ期试验的申请获得通过。而在 2011 年揭盲数据公布前，在该股公布数据连续跌停前，竟然持续放量大涨，显然已经有先知先觉者提前拉高股价借机撤退了。此外，试验数据公布前的相关股评也发人深思。

2.4 问题四：基金公司如何避免"踩地雷"

在重庆啤酒股价暴跌期间，公开数据显示，共有大成、富国、国泰、中海、易方达、泰信等公司旗下共 20 只基金重仓重庆啤酒，合计持有 4936.94 万股，占流通股的比例为 10.20%。其中大成旗下共有 9 只基金重仓"触雷"，受此事件影响最大。如果第四季度大成旗下基金持重庆啤酒股数未变，以复牌前一个交易日的收盘价计算，大成基金持有重庆啤酒的市值达 36.44 亿元，这意味着大成基金可能一天便浮亏了 3.64 亿元。

从基金所持重庆啤酒占基金净值的角度看，持股市值在基金净值中比例超过 8% 的那些基金，无疑是受此次重庆啤酒影响最大的一批。但大成基金对重庆啤酒的重仓程度让人吃惊。数据显示，大成基金旗下当时共有 13 只主动偏股型基金，但第三季度末就有 9 只基金重仓重庆啤酒，占比接近 70%，且 4 只基金的持股市值占基金净值接近 10% 的临界线，大成基金对重庆啤酒的豪赌程度让人吃惊。

如此高的持股集中度，投资基金从分散投资演变为抱团豪赌，大成基金的风险管控是否起了作用？事实上，从当年的银广夏到双汇发展再到重庆啤酒，每一只股票泡沫的破裂背后几乎都有某些基金公司"踩地雷"之说。那么，我们如何看待这些基金公司的风险管理措施？我国现有的基金投资策略是否有改进的需要？

3 案例使用说明

3.1 教学目标

（1）本案例的教学目的在于通过案例学习，使学生初步了解股价波动及其背后影响因素的主要内容，同时对于证券投资的风险管理也形成一个初步认识。

（2）本案例主要适用于高等院校金融专业金融风险管理及金融市场学研究生课程，也可适用于有关课程的本科教学。

3.2 案例涉及的知识点

（1）证券投资的基本分析理论。以企业内在价值作为主要研究对象，通过对决定企业价值和影响股票价格的宏观经济形势、行业发展前景、企业经营状况等进行详尽分析，以大概测算上市公司的长期投资价值和安全边际，并与当前的股票价格进行比较，形成相应的投资建议。基本分析认为股价波动轨迹不可能被准确预测，只能在有足够安全边际的情况下"买入并长期持有"，在安全边际消失后卖出。

（2）证券投资的技术分析理论。以股票价格涨跌的直观行为表现作为主要研究对象，以预测股价波动形态和趋势为主要目的，从股价变化的 K 线图表与技术指标入手，对股市波动规律进行分析的方法总和。技术分析有三个颇具争议的前提假设，即市场行为包容消化一切、价格以趋势方式波动、历史会重演。国内比较流行的技术分析方法包括道氏理论、波浪理论、江恩理论等。

3.3 案例分析思路

本案例从重庆啤酒股价异动的背景介绍开始，在介绍了事件始末之后具体说明了股价波动对市场及投资者的影响，以这个事件为出发点，在对事件进行深入分析的基础上通过比较的方式引出案例需要重点讨论的多个相应专题，最后在归纳前文分析结果之后引导学生进一步思考证券投资的规律。

3.4　背景信息

本案例以重庆啤酒乙肝疫苗事件为研究对象，从 1998 年 12 月重庆啤酒收购重庆佳辰生物工程有限公司，介入乙肝疫苗项目，到 2015 年 12 月 16 日的项目转让，时间跨度达到 17 年，重庆啤酒上市公司的股价也经历了剧烈波动。

3.5　案例要点

正确理解上市企业的信息披露与股价波动的关系；实现对上市公司重大利好的准确估值，理解在中国证券市场中股价异动与消息的关系，树立对基金公司分散投资及投资策略的正确认识。

3.6　建议课堂计划

整个案例课的课堂时间控制在 75~90 分钟。

（1）课前计划：在上一堂课中提出启发思考题，要求学生在课前完成相关知识点的阅读和初步思考，并特别强调学生在案例课的表现与平时成绩相挂钩。

（2）课中计划：

1）简要的课堂前言，并明确学生案例主题及学生需要重点思考的问题（2~5分钟）。

2）案例展示（20~25 分钟）。在引导学生阅读案例的同时适时在案例的每一具体部分和学生形成短暂互动，如回答学生在案例进程中的一些简单问题，鼓励学生对案例提出的课堂思考给出初步的答案。

3）分组讨论（30 分钟）。可以根据学生对不同专题的兴趣进行相应分组，讨论的内容包括案例本身即案例中附带的相应问题，要求学生针对具体问题提出解决问题的思路，并可以在组中讨论思路的可行性，并告知学生发言要求。

4）小组发言（每组 5 分钟，控制在 30 分钟）。引导各组就各自的专题讨论结果进行发言，并鼓励全班对发言内容提出不同意见，从而使各项专题能够得到进一步讨论，最好教师进行简单归纳总结，并引导学生就案例的问题进一步思考。

（3）课后计划。根据课前准备及课中讨论的内容，学生就自己感兴趣的与案例相关内容写成小论文，论文不限字数但必须能否反映出学生自己进行了独立思考。教师将学生的课上表现及小论文的内容算作学生平时成绩的一部分。

公司信贷客户财务分析与信用评级

辛兵海

摘　要：本案例以玉龙公司为样本，介绍了玉龙公司的市场前景等非财务因素，分析了偿债能力等财务因素。并根据××银行的信用测评计分标准，对玉龙公司进行信用测评计分。在计分的基础上，最终确定公玉龙公司的信用等级，为其授信额度的确定提供基础。

关键词：财务分析；非财务分析；信用评级

0　引　言

公司客户信用情况决定着其能否取得贷款，以及获得授信的额度。公司客户的信用等级是由什么所决定的呢？本案例带着这样的思考，基于××银行公司客户信用测评计分标准，选取了一家典型的公司客户，对其信用等级进行了测评。案例以玉龙公司为样本，介绍了玉龙公司的市场前景等非财务因素，分析了偿债能力等财务因素。并根据××银行的信用测评计分标准，对玉龙公司进行信用测评计分，并确定玉龙公司的信用等级。

1 正　文

1.1　玉龙公司基本情况简介

玉龙有限公司成立于 1999 年 5 月 14 日，经营期限至 2029 年，注册资金为 1900 万元，其中 A 有限公司出资 1425 万元，占 75%；B 有限公司出资 475 万元，占 25%。玉龙有限公司是一家中型中外合资企业，属于塑料制品业，主要从事聚烯烃电缆料、硅烷交联管材料及电器、电讯、汽车等工程塑料的研发、生产和销售。

1.2　非财务因素分析

塑料制品行业是轻工行业中近几年发展速度较快的行业之一，增长速度一直保持在 10%以上。预计未来几年内，优势企业集团会不断扩大市场份额、继续保持行业内领先地位，市场也会淘汰一大批落后企业。随着我国进入 WTO，经济不断向前发展，中国汽车、包装、建材、电力、工程等众多行业蕴藏着对塑料的巨大需求。电缆、光缆的绝缘材料和护套材料均已从橡胶、铅、纸等材料转为全塑材料；计算机、洗衣机、电冰箱、电风扇、空调器、吸尘器、电视机以及众多的家用电器使塑料材料真正找到用武之地；汽车工业发展的一个重要标志是使用塑料材料的数量不断增加，目前几大汽车企业所使用的各种塑料材料在国内均可以生产，汽车工业的蓬勃发展给塑料制品业注入活力。可见该行业具有较好的发展空间，行业前景较乐观。近年来，行业技术升级加快，对企业的技术要求越来越高，行业准入门槛进一步提高。我国塑料制品业积极调整产品结构和产业结构，加大科技投入和技术创新力度，努力提高综合竞争力，取得了喜人的成绩。但受国际石油价格大幅上涨影响，国内外塑料原料价格一直保持在高位，使得我国塑料制品业的经济效益有所下滑，利润空间被强度挤压。在此形势下，企业只有不断创新、提高科技水平、加强成本控制，才能在该行业中做大做强。

玉龙公司董事长是中国电缆行业协会橡塑分会委员，并参与电缆料材料国家标准的制订和修改，属于该行业的领导企业。通过多年的发展积累和不断吸收优秀人才，企业生产规模不断扩大，产品技术达到了国内先进水平，部分产品的质量完全可媲美美国陶氏化工和欧洲的北欧化工这两家世界级大公司的同类产品。现在广东地区仅有该公司可以大量生产 35 千伏及以下化学交联绝缘电缆料、硅烷交联绝缘电缆料等市场需求量较大的产品，在国内市场有一定的竞争力。该公司还成功开拓了泰国、印度尼西亚、马来西亚及科威特等国家的电缆市场，其产生的电缆料、工程塑料两个产品内销状况非常好，如条件成熟，出口销量会更大；化学交联产品外销进展良好，正准备扩产；半导电塑料也在生产前的准备中。公司今后会不断投入新材料的研发，使新产品成为公司新的增长点。因此，该公司的发展前景好，产品市场开阔，有做大做强的发展潜力。

1.3 财务因素分析

1.3.1 审计意见

玉龙公司 2014 年、2015 年、2016 年的会计报表均经××会计师事务所有限公司审计，并出具标准无保留意见。

1.3.2 会计报表真实性分析

××银行对该公司提供的审计报告、会计报表及相关资料原件进行了形式审核、钩稽关系审核、重点科目审核和异常情况审核，认为其提供的审计报告、会计报表及相关资料真实合法完整，不存在伪造现象。

1.3.3 总体财务分析

该公司近三年、最近一期和上年同期的财务数据摘要见表 1。

表 1　总体财务数据摘要

单位：万元

项目	2014 年	2015 年	较 2014 年增长	2016 年	较 2015 年增长	较 2014 年增长	2017 年 4 月	2016 年 4 月
一、资产总额	9223	8921	-3.27	10944	22.68	18.66	11232	9402
1. 流动资产	3323	3287	-1.08	5539	68.51	66.69	5929	3845
货币资金	69	273	295.65	542	98.53	685.51	823	355
应收账款净额	949	841	-11.38	1593	89.42	67.86	1984	878
其他应收款	185	139	-24.86	309	122.30	67.03	318	139
存货	1229	1269	3.25	1799	41.77	46.38	30	47

续表

项目	2014 年	2015 年	较 2014 年增长	2016 年	较 2015 年增长	较 2014 年增长	2017 年 4 月	2016 年 4 月
2. 长期投资合计	0	0	0.00	0	0.00	0.00	0	0
3. 固定资产净值	2621	3423	30.60	3245	−5.20	23.81	3160	3363
4. 无形资产	3279	2211	−32.57	2160	−2.31	−34.13	2143	2194
二、负债总额	3544	2896	−18.28	4277	47.69	20.68	4286	3175
1. 流动负债	2670	1095	−58.99	2737	149.95	2.51	2746	1453
银行借款	2466	926	−62.45	1619	74.84	−34.35	1937	1427
应付票据	0	0	0.00	1049	0.00	0.00	703	0
应付账款	163	126	−22.70	0	−100.00	−100.00	74	0
其他应付款	0	0	0.00	0	0.00	0.00	0	0
2. 长期负债	874	1801	106.06	0	−100.00	−100.00	0	0
长期借款	0	1540		1540	0.00	0.00	1540	1540
3. 银行融资合计	2466	2466	0.00	3159	28.10	28.10	3477	2967
三、所有者权益	5679	6025	6.09	6667	10.66	17.40	6946	6227
实收资本（股本）	1900	1900	0.00	1900	0.00	0.00	1900	1900
资本公积	2286	2286	0.00	2286	0.00	0.00	2286	2286
未分配利润	1493	1839	23.17	2481	34.91	66.18	2760	2041
四、主营业务收入净额	4528	5246	15.86	6584	25.51	45.41	2031	1552
五、利息费用				196.36				
六、主营业务利润	895	1141	27.49	1408	23.40	57.32	458	331
七、利润总额				1158.51				
八、净利润	466	696	49.36	942	35.34	102.15	280	202
九、现金净流量	−67	204	−404.48	269	31.86	−501.49		
经营现金流入量	4228	6246	47.73	6950	11.27	64.38		
经营现金净流量	383	730	90.60	92	−87.40	−75.98		
投资现金净流量	−445	0	−100.00	−4	0.00	−99.10		
筹资现金净流量	−6	−526	−8666.67	181	−134.41	−3116.67		
十、或有负债				656				

资料来源：公司财务报告。

1.3.4 偿债能力指标

该司近三年、最近一期的偿债能力指标如表 2 所示。

表 2 偿债能力指标

	项目	2014 年 12 月	2015 年 12 月	2016 年 12 月	2017 年 4 月	行业平均值
短期偿债能力	流动比率（%）	124.46	300.18	202.37	215.91	126.83
	速动比率（%）	78.43	184.29	136.65	146.1	98.75
	存货周转率（次）	3.61	3.29	3.37	0.85	6.71
	应收账款周转率（次）	5.66	5.86	5.41	1.14	5.67
	流动资产周转率（次）	1.36	1.59	1.49	0.35	1.84
	经营活动现金流入/主营业务收入	0.93	1.19	1.06	0	1.08
	经营活动现金净流量与负债总额比（%）	0.11	0.25	0.02	0	0.12
	主营业务收入增长率（%）	50.83	15.86	25.51	−69.15	10.99
长期偿债能力	资产负债率（%）	38.43	32.46	39.08	38.16	50.34
	全部资本化比率（%）	30.28	29.04	32.15	33.36	37.63
	成本费用利润率（%）	12.52	16.73	18.29	19.33	9.40
	销售利润率（%）	19.77	21.75	21.39	22.55	16.40
	总资产报酬率（%）	7.28	14.09	12.38	2.97	11.48
	净资产收益率（%）	8.58	11.89	14.84	4.11	13.35
	总资产周转率	0.5	0.58	0.66	0.18	0.91
	利息保障倍数	5.71	2.93	6.9		7.36
	负债总额/EBITDA	3.86	1.88	2.92	13.03	4.31
	总资产增长率（%）	2.02	−3.27	22.68	2.63	8.00
	净资产增长率（%）	9.57	6.09	10.66		

资料来源：公司财务报告。

1.4 其他事项说明

玉龙公司的银行融资额逐年增长，其中与 2015 年相比，2016 年银行融资额增加 28.10%。从贷款质量看，玉龙公司均按时偿还银行贷款本金和利息，未发生过拖欠与违约。此外，玉龙公司在××银行的存贷比较低，仅办理贷款业务，缺乏相应的结算或中间业务。

2　思考题

（1）对玉龙公司的短期偿债能力进行分析。

（2）对玉龙公司的长期偿债能力进行分析。

（3）结合 2016 年底财务数据和财务比率数据，对玉龙公司的信用等级进行评定。

（4）商业银行的贷款程序主要包括哪些环节？在接受客户信贷申请时，如何解决信息不对称问题？

（5）与企业贷款相比，小额贷款主要面向商户和农户。针对两类客户，在信用评级过程中，计分规则和评级标准方面存在哪些异同？

3　附　录

××银行公司客户信用测评计分标准。

表 3　信用履约（共 25 分）

序号	指标	标准分	计分标准
1	贷款状态	5	仅为正常、关注类贷款计 5 分；无可疑和损失类贷款计 3 分；有可疑、损失类贷款计 0 分
2	本金偿还记录	10	按期还本计满分；报告期内逾期一个月的扣 3 分，逾期 1~3 个月的扣 5 分，逾期超 3 个月的计 0 分
3	利息偿还记录	10	按期还息计满分；报告期内逾期一个月以上的扣 5 分，拖欠 3 个月以上的扣 8 分

表4 偿债能力（共35分）

序号	指标	计算公式	标准分	满分值	计分标准
4	资产负债率	负债总额/资产总额	10	工、农、综合类≤70；商贸≤75	［（1−实际值）÷（1−满分值）］×标准分
5	流动比率	流动资产/流动负债	5	农≥120 工≥120 商贸≥120 综合≥120	（实际值/满分值）×标准分
6	或有负债比率	或有负债/净资产	3	≤50%	［（1−实际值）÷（1−满分值）］×标准分
7	利息保障倍数	（利润总额+利息费用）÷利息费用	4	≥4	（实际值÷满分值）×标准分
8	现金流动负债比	经营性现金净流量÷流动负债	5	≥20%	（实际值÷满分值）×标准分
9	现金净流量	经营性+投资性+融资性现金净流量	8	经营性现金净流量>0，现金净流量>0（8分） 经营性现金净流量>0，现金净流量≥0（6分） 经营性现金净流量≤0，现金净流量>0（4分） 经营性现金净流量≤0，现金净流量≤0（0分）	

表5 盈利能力（共15分）

序号	指标	计算公式	标准分	满分值	计分标准
10	总资产报酬率	（利润总额+利息支出）÷资产总额	5	农≥3% 工≥8% 商贸≥5% 综合≥6%	（实际值÷满分值）×标准分
11	销售利率率	销售利润÷销售收入净额	5	农≥6% 工≥12% 商贸≥10% 综合≥9%	（实际值÷满分值）×标准分
12	净资产收益率	税后净利润÷净资产	5	农≥7% 工≥12% 商贸≥10% 综合≥15%	（实际值÷满分值）×标准分

表6 发展能力（共15分）

序号	指标	计算公式	标准分	满分值	计分标准
13	存货周转率	销售成本/存货	5	农≥200% 工≥300% 商贸≥400% 综合≥300%	（实际值÷满分值）×标准分

续表

序号	指标	计算公式	标准分	满分值	计分标准
14	销售收入增长率		4	农≥9% 工≥11% 商贸≥12% 综合≥9%	(实际值÷满分值)×标准分
15	净利润增长率		3	农≥7% 工≥8% 商贸≥6% 综合≥9%	(实际值÷满分值)×标准分
16	净资产增长率		3	≥10%	(实际值÷满分值)×标准分

表7 综合评价（共10分）

序号	指标	计算公式	标准分	计分标准
17	领导者素质		1	领导者管理经验丰富，有良好社会声誉计1分
18	管理能力		2	产权明晰、组织机构完善、财务制度健全、报表信息可信计2分，一般1分，差计0分
19	行业发展环境及发展前景		3	属淘汰行业的，计0分；行业发展不稳定，则扣2分
20	与我行业无合作关系		4	存贷比低于10%，仅办理贷款业务，无对应的中间业务的，扣2分

表8 企业信用等级评定标准

等级	得分
AA	≥90
A	≥80
B	≥70
C	≥60

4 案例使用说明

4.1 教学目标

本案例主要适用于金融专硕《商业银行经营管理案例》课程，也适用于《财务报表分析》等课程。本案例的教学目的主要是通过分析××公司的非财务因素和财务因素，进而根据商业银行的信用测评计分标准，对信贷客户进行信用测评计分。在计分的基础上，最终确定公司客户的信用等级，为其授信额度的确定提供基础。

4.2 案例涉及的知识点

案例涉及的主要知识点包括：公司财务指标计算，及对应的财务报表分析；商业银行贷前调查过程中，客户信用等级的测评。涉及的理论主要是信息不对称条件下，如何进行信息搜寻的理论。

4.3 案例分析思路

教师可以根据自己的教学目标（目的）来灵活使用本案例。这里提出本案例的分析思路，仅供参考。

4.3.1 短期偿债能力分析

（1）短期资产对短期负债的保障程度分析。2016 年末，该公司流动比率和速动比率分别为 202.37% 和 136.65%，分别较 2005 年末下降 97.81 个和 47.64 个百分点，优于行业平均值 75.54 个和 37.9 个百分点，表明企业短期资产对短期负债的保障程度有所加强，具有一定的偿还能力。

（2）营运能力分析。2016 年末，该公司存货周转率为 3.37 次，处于行业较低水平，是存货占用过高所致（期末存货占用 1797 万元，其中：原材料 983 万元，包装物 30 万元，库存商品 784 万元）；应收账款周转率为 5.41 次，较上年下降 0.45 次，略低于行业平均值。该公司处于扩大发展阶段，销售收入增长较快，企业资金营运能力不断提高，结合现金流量状况因素分析，该公司具一定短期偿债能力。

（3）经营活动创现能力分析。该公司经营现金与流动负债比为0.02，经营活动现金流入量与销售收入比为1.06，经营活动创现能力较上年略有下降。

（4）总体短期偿债能力分析。该公司具有一定短期偿债能力，随着经营规模的扩大、经营效益的提高，短期偿债能力将进一步加强。

4.3.2 长期偿债能力分析

（1）资本结构对长期债务的保障程度。2016年末，该公司资产负债率为39.08%，较上年末上升6.62个百分点，优于行业平均值11.26个百分点；全部资本化比率为32.15%，较上年增加3.11个百分点，优于行业平均值5.48个百分点；表明企业资本结构对长期债务偿付有较高保障。

（2）收益对长期债务的保障程度。该公司销售（营业）利润率基本与2005年持平，优于行业平均值4.99个百分点；总资产报酬率和净资产收益率等呈稳步增长态势，分别为12.38%、14.84，优于行业平均值；表明企业收益对长期债务偿付保障有所加强。

（3）进一步举债能力。该公司已获利息倍数为6.9，较上年有较大提升，低于行业平均值0.46个百分点，仍具有一定以收益偿付银行借款利息的能力。

（4）长期偿债能力总体分析。该公司通过几年来的扩大发展，企业资产规模逐渐扩大，市场地位加强；开始适应原材料市场价格浮动影响，控制生产成本能力有所提高，经营效益稳步增长，举债能力有提高的趋势，具有一定长期偿债能力。

4.3.3 公司客户信用等级测评

表9　测评表

序号	评定指标	实际值	得分
一	信用履约		23
1	贷款状态		5
2	本金偿还记录		10
3	利息偿还记录		10
二	偿债能力		30.5
4	资产负债率（%）	39.08	10

续表

序号	评定指标	实际值	得分
5	流动比率（%）	202.37	5
6	或有负债比率（%）	9.8	3
7	利息保障倍数	6.9	4
8	现金流动负债比（%）	0.02	0.5
9	现金净流量（万元）	269	8
三	盈利能力		15
10	总资产报酬率（%）	12.38	5
11	销售利润率（%）	21.39	5
12	净资产收益率（%）	14.84	5
四	经营能力		23
13	存货周转率（次）	3.37	5
14	销售收入增长率（%）	25.51	4
15	净利润增长率（%）	35.34	3
16	净资产增长率（%）	10.66	3
17	领导者素质		1
18	管理能力		2
19	行业发展环境及发展前景		3
20	与我行业务合作关系		2
得分总计		91.5	
建议信用等级		AA	

4.3.4 商业银行的贷款程序主要包括哪些环节？在接受客户信贷申请时，如何解决信息不对称问题

参考答案：商业银行的贷款程序主要包括贷前调查、贷中审查和贷后检查三个重要环节。①贷前调查。客户部门是贷款业务的调查部门，负责对客户情况进行调查核实，对客户提供的资料完整性、真实性和有效性进行调查核实。调查客户信用及有关人员品行状况，并对客户进行信用评级。②贷中审查。对客户的基本要素、主体资格、贷款政策和贷款风险进行相应的审查。③贷后检查。检查客户、担保人的资产和生产经营、财务状况、抵质押品等是否正常。了解掌握客户、担保人的机构、体制及高层管理人员人事变动等重大事项。对检查过程中发现影响贷款安全的事项，应进行汇报，并制定相应的风险防范措施；根据贷款风险分类办法的要求，对所辖贷款进行五级分类。

解决信息不对称问题，需要从以下方面进行思考：①全方面对客户进行了解，掌握相对有效的信息。通过现场调查的方式，掌握客户的基本信息。并通过现场调查的方式，对客户所提供的口头或书面信息进行交叉检验。借助人民银行的征信系统和银监会的客户风险监测预警系统，了解客户的信用记录。②优化贷款风险管理。其一是优化贷前调查文本。调查报告要详尽具体，以全面清晰展示客户信息，重要信息要注明来源及调查方法。基于客户信息，需要给出准确客观的分析结论。其二是完善风险控制措施。强化担保方式管理，尤其是关注抵押品和质押品价值稳定性和变现能力。并对贷款进行合理的定价，确保收益可以覆盖成本和所承担的风险。强化授信工作和贷后管理工作，及时识别潜在隐患，并执行必要的的风险防控措施。③加强与外部沟通，避免外部风险传染。需要强化银行同业之间的沟通，信息共享，协调行动，共同防范银行客户之间的信息不对称问题。并优化与一些中介机构的合作，以更广泛地收集客户信息。

4.3.5 与企业贷款相比，小额贷款主要面向商户和农户。针对两类客户，在信用评级过程中，计分规则和评级标准方面存在哪些异同

表10列示了中国××银行商户信用评级表，通过和公司客户信用测评计分表进行比较分析，存在显著差异。对于公司客户的信用评级，更侧重于硬信息（财务数据）的分析，而对商户的信用评级，则比较重视偿还意愿等软信息的分析。由于商户没有编制标准的资产负债表，因此无法按照公司客户的积分标准进行分析。而公司客户有标准的财务报表编制，因此信息更加直接。

表 10 中国××银行商户信用评级表

评级指标及权重		评级标准	分值
个人综合素质 （15分）	年龄 （3分）	18~30 岁	2
		31~45 岁	3
		46~60 岁	1
	婚姻状况 （2分）	已婚	2
		未婚	1
		离异	0
	户籍所在地 （3分）	本地户口	3
		非本地户口	0

续表

评级指标及权重		评级标准	分值
个人综合素质 （15分）	经营能力 （7分）	负责经营五年以上，社会交往能力强，头脑精明、活络，有很强的专业技能	7
		负责经营三年以上，社会交往能力较强，有较强的专业技能	5
		负责经营一年以上，有一定的社会交往能力和专业技能	3
		负责经营一年以内，具备经营必备的社交能力或专业技能	1
偿债意愿 （40分）	信用状况 （11分）	诚实守信，无不良商业或社会记录；无贷款逾期记录	11
		诚实守信，有轻微不良商业或社会记录，但不影响客户整体信用，无贷款逾期记录或有逾期但已及时还款	8
		有重大影响客户信用状况的不良商业或社会记录；或有恶意拖欠贷款行为	0
	社会声望及荣誉 （4分）	有较高社会声望及荣誉	4
		有良好社会声望及荣誉	3
		在社会上有一定的信誉评价	2
		在社会上没有负面评价	1
	营业执照 （4分）	有营业执照且办照时间在一年以上	4
		有营业执照但办照时间在一年以下	2
		有过期或未年审营业执照	0
	纳税情况 （4分）	已登记且有适当纳税额	4
		不缴税，但支付关系费	2
		没有任何税务相关支出	0
	家庭成员职业情况 （5分）	家庭重要成员（配偶、子女）为公务员或企（事）业单位职工	5
		家庭其他成员中有公务员或企（事）业单位职工	3
		家庭成员职业不固定	0
	家庭责任感 （6分）	家庭责任感强（孝敬父母、关爱子女、家庭和睦等）	6
		家庭责任感一般	3
		没有家庭责任感	0
	生活习惯 （6分）	生活习惯良好，没有不良嗜好	6
		生活习惯良好，有轻微不良嗜好，但不影响正常生产或经营活动	4
		具有酗酒、赌博等不良习惯	0

评级指标及权重		评级标准	分值
偿债能力 （40分）	营业场地 （4分）	自有房产	4
		租赁房产	2
		租赁柜台	0
	盈利能力 （9分）	月均净利润2万元（含）以上，商品质量高	9
		月均净利润1万元（含）以上，商品质量较高	7
		月均净利润5000元（含）以上，商品质量一般	5
		达不到以上规模的，无假冒伪劣商品	3
		存在假冒伪劣商品	0
	家庭收入水平 （9分）	家庭人均年纯收入在当地平均水平200%（含）以上	9
		家庭人均年纯收入在当地平均水平150%（含）~200%	6
		家庭人均年纯收入在当地平均水平100%（含）~150%	4
		家庭年人均纯收入在当地平均水平80%（含）~100%	2
		家庭年人均纯收入在当地平均水平80%以下	0
	所有者权益 （9分）	所有者权益在10万元（含）以上的	9
		所有者权益在5万（含）~10万元	6
		所有者权益在3万（含）~5万元	3
		所有者权益在2万（含）~3万元	2
		所有者权益在1万（含）~2万元	1
		所有者权益在1万元以下	0
	资产总额 （9分）	20万元（含）以上	9
		10万（含）~20万元	6
		5万（含）~10万元	3
		5万元以下	0
其他 （5分）	业务往来 （2分）	与××银行建立良好的业务合作关系	2
		与××银行其他部门有良好的业务合作关系	1
		与××银行无业务合作关系	0
	综合印象 （3分）	印象良好	3
		印象一般	0

4.4 背景信息

企业信用评级，是新形势下国务院重视建设并积极倡导的一项据有重大意义的活动。改革开放以来，我国经济发展迅速，并取得了巨大的成就。但也出现了大量问题，其中就包括社会信用缺失的问题。习近平总书记和李克强总理在多个场合都强调了信用的重要性。在 2017 年召开的第五次金融工作会议上，强调要服务实体经济，防范金融风险，其中就包括银行业的信贷风险。而对企业客户进行信用评级并确定授信额度，对于防范信贷风险有着重要作用。

4.5 案例要点

案例要点主要包括：①公司财务指标计算、财务报表分析；②信贷客户信用等级的测评。

4.6 建议课堂计划

本案例可以作为专门的案例讨论课来进行。以下是按照时间进度提供的课堂计划建议，仅供参考。

整个案例课的课堂时间控制在 40~45 分钟。

课前计划：提前发放案例资料，请学员在课前完成阅读和初步思考。

课中计划：简要的课堂前言，明确主题　　（1~2 分钟）

分组讨论　　　　　　　　　　（15 分钟，告知发言要求）

小组发言　　　　　　　　　　（每组 5 分钟，控制在 20 分钟）

引导全班进一步讨论，并进行归纳总结（10~15 分钟）

"2010年中诚·诚至金开1号集合信托计划"兑付危机始末

郭江山

摘　要： 2010年中诚信托的业务重点从房地产信托转向如火如荼的矿产信托业务，但矿产信托业务存在安全事故、实际矿藏较难估值等特殊行业风险以及融资方控制人的法律风险。中诚信托发行的"2010年中诚·诚至金开1号集合信托计划"就是在实际融资人出现了民间融资等违法情况后，产生了一系列煤矿资源处置风险。案例从信托产品成立时就存在的尽职调查不充分、高管强制干预等瑕疵开始阐述，全面描述了成立后遇到的刚性兑付危机，重点是王平彦被起诉后，振富集团如何陷入停产，中诚信托、工行与政府如何化解风险。案例期望为投资者正确认识信托产品提供指引，为银行与信托公司合法开展合作提供思路，为政府化解局部金融风险提供借鉴。

关键词： 中诚信托；工商银行；风险处置；刚性兑付；通道业务

0　引　言

2011年2月1日，"2010年中诚·诚至金开1号集合信托计划"正式成立，为该业务服务大半年的中诚信托有限责任公司（简称中诚信托）、工商银行（简称工行）有关人员如释重负，因为第二天就是除夕，所以纷纷收拾行囊准备享受兔年春节假期的团聚；远在山西柳林县城的王于锁、王平彦父子也因春节前还债压力暂时缓解，而在酒桌上推杯换盏、觥筹交错、其乐融融；遍布全国各地约

700 位该产品投资者也都在憧憬未来三年年均 10% 的高回报。但这款信托产品真的能够一帆风顺，实现融资方、投资方、中诚信托与工行共赢吗？

注：

（1）本案例由河北经贸大学金融学院的郭江山撰写，作者拥有著作权中的署名权、修改权、改编权。未经允许，本案例的所有部分都不能以任何方式与手段擅自复制或传播。

（2）本案例授权河北经贸大学教学使用，河北经贸大学经金融学院享有复制权、校内信息网络传播权、汇编权。

（3）本案例只供课堂讨论之用，并无意暗示或说明某种行为是否有效。

（4）本案例中涉及的数据都是真实数据，数据来源于公司公告和公开的市场数据。

1 正 文

1.1 参与方简介

1.1.1 中诚信托

2015 年 12 月 18 日，是中诚信托成立 20 周年。作为由银监会直接管理的八大信托公司之一，20 年来，中诚信托营业收入、净利润、总资产和信托资产管理规模经历了跨越式发展，与同业相比可谓一马当先。总资产由成立之初的21.15 亿元增至 2014 年末的 142.87 亿元，增长了近 6 倍；净资产由 1995 年成立之初的 4.42 亿元增至 2014 年末的 128.13 亿元，增长了近 28 倍；连年实现盈利，累计实现营业收入 184.74 亿元、净利润 114.3 亿元；信托资产规模持续增长，2014 年末达到 3123 亿元；所有已结束的信托项目均 100% 安全兑付，共计向投资者返还收益达 837.88 亿元，给广大投资者带来了巨大的收益。获得首批企业年金基金法人受托机构资格；是首家获得特定目的信托受托机构资格的信托公司；获得受托境外理财业务资格；取得以固有资产从事股权投资业务（PE 业务）资格。2010 年，银监会监管四部主任邓红国出任中诚信托董事长。中诚信托发起设立并控股国都证券有限责任公司、嘉实基金管理有限公司、国都期货有限公司、中诚宝捷思货币经纪有限公司等知名实力金融机构。

表 1　中诚信托历史沿革

时间	公司重大变革事件
1995 年 11 月	完成登记注册,注册资本金 4 亿元,其中外汇资本金 1500 万美元
1995 年 12 月	中煤信托投资有限责任公司正式开业
2001 年 9 月	完成清产核资、业务清理整顿工作,成为全国第一家获准重新登记的信托投资公司
2004 年 2 月	完成增资扩股和名称变更,注册资本增加到 12 亿元,现有股东 13 家
2005 年 8 月	获得首批企业年金基金法人受托机构资格
2005 年 12 月	经银监会审批,成为国内首家获得特定目的信托受托机构资格的信托公司
2007 年 7 月	经银监会批准,成为国内首批换发金融许可证的信托公司
2007 年 12 月	完成工商注册和公司名称变更,正式更名为中诚信托有限责任公司
2008 年 10 月	经国务院批准,财政部将其持有的中诚信托 32.35%的国有股权,以增加国家出资的形式全部划拨给中国人民保险集团公司
2008 年 11 月	经银监会批准,获得受托境外理财业务资格
2009 年 7 月	经银监会批准,取得以固有资产从事股权投资业务(PE 业务)资格
2010 年 9 月	完成增资扩股注册变更登记,公司注册资本增至 24.57 亿元,股东单位 15 家
2011 年 9 月	经国家外汇管理局批准,增加受托境外理财投资额度 3 亿美元
2012 年 8 月	银监会批准公司以固有资金投资于国都资产管理(香港)有限公司,成为国都资产管理(香港)有限公司绝对控股股东
2012 年 8 月	国家外汇管理局批准公司增加境外投资业务投资额度 5 亿美元,总规模达到 10 亿美元
2012 年 11 月	经银监会批准,中诚资本管理(北京)有限公司成立
2013 年 4 月	经中国证券业协会审核,公司获批中国证券业协会会员资格
2013 年 12 月	公司投资设立深圳前海股权投资管理公司,进一步调整中诚国际资本有限公司股权结构,开展香港人民币资金的基金业务
2014 年 10 月	证监会核准中诚国际资本有限公司人民币合格境外机构投资者资格
2015 年 1 月	经深圳市人民政府核准,深圳前海中诚股权投资基金管理有限公司合格境内投资者境外投资试点资格

资料来源:中诚信托公司网站,http://www.cctic.com.cn/gsjj/3533.jhtml。

1.1.2　2010 年中诚·诚至金开 1 号集合信托计划

2010 年中诚·诚至金开 1 号集合信托计划(简称"诚至金开 1 号")由中诚信托担任受托管理人,通过工商银行私人银行部销售给高净值资产客户。该项目成立之初，原定的预期年化收益率为 9%~11%。2011 年 2 月 24 日，中诚信托发出公告称：鉴于新一轮的加息窗口已经开启，拟对预期收益率上调 0.5%，即 9.5%~11.5%。

公开资料显示，"诚至金开 1 号"资金主要用于"对山西振富能源集团有限公司进行股权投资，由振富集团将股权投资款用于煤矿收购价款、技改投入、洗煤厂建设、资源价款及受托人认可的其他支出"。计划整合完成后振富能源将形成一个年产达到 360 万吨，开采煤种涵盖焦煤、动力煤、无烟煤的大型综合煤矿集团。按照中诚信托当初发行产品时的推介材料，振富能源拥有五座煤矿（含一座过渡保留矿井）、一座洗煤厂，其中三座煤矿处于技改状态。增资后，信托计划持有振富集团 49%股权，王于锁、王平彦父子持有的另外 51%股权也质押给中诚信托。

尽管这款信托计划表面为股权投资，但实际为附带到期回购条款的类债权融资，回购对价是在优先级资金基础上溢价 17%（年化），即为融资成本，在信托计划到期前 3 个月，振富将回购信托计划持有的 49%股权。而在信托运行期间，振富集团需按约定支付股权回购保证金及股权维持费，以确保到期股权回购顺利进行。

表 2　"诚至金开 1 号"信托计划

产品基本要素	基本内容
产品类型	集合信托
募集资金总规模	30.3 亿元（30 亿元（优先级信托受益权）面向社会投资者募集，其余 0.3 亿元（一般级信托受益权）由项目融资主体实际控制人王于锁、王平彦认购）
首期募集规模与时间	11.117 亿元，2011 年 2 月 1 日
第二期扩募规模与时间	19.183 亿元，2011 年 2 月 28 日
资金运用期限	3 年
资金运用领域	资金用于对山西振富能源集团有限公司进行股权投资
预期年化收益率	9.5%~11.5%
收益分配期限	每年 12 月 31 日前向优先级受益人分配该年度信托净收益
收益分配资金来源	主要为山西振富能源集团有限公司的分红、处置所持股权所得价款、股权维持费、股权回购保证金
投资门槛	300 万元

续表

产品基本要素	基本内容
产品成立日期	2011 年 2 月 1 日
产品最后兑付期	2014 年 1 月 31 日
产品受托管理人	中诚信托
产品代销人	工商银行私人银行部
产品托管人	工商银行山西省分行

1.1.3　山西振富能源集团公司

在山西振富能源集团公司（简称振富集团）与中诚信托碰撞之前，是一家典型的家族式企业，2010 年 7 月注册成立，位于山西著名的煤产地吕梁柳林县（在当地还有同样发迹于矿业、名声更大、几乎同时出现债务危机的联盛集团董事长邢利斌）。注册资本 5000 万元，由王于锁父子 100%控股，其中王于锁出资 500 万元，占 10%；王平彦出资 4500 万元，占 90%。虽然振富集团成立较晚，但王于锁父子在柳林县经营煤炭生意 10 多年，创下丰厚基业，同时王于锁父子早年就介入民间融资。

1.1.4　中国工商银行

工行私人银行业务启动于 2008 年，抓住中国财富管理市场快速发展的机遇，积极学习借鉴国内外资产管理机构先进经验，逐步确立行业领先地位。自 2013 年起，私人银行部开始建立以产品为中心的经营机制，以客户需求为导向，从注重产品销售全面向产品服务转型，更加专注服务的个性化。

表 3　兑付危机大事记

时间	关键事件
2011 年 2 月 1 日	首期募集 11.117 亿元
2011 年 2 月 28 日	二期扩募 19.183 亿元
2011 年第四季度	按照计划完成第一次信托净收益分配
2012 年第一季度	账外民间融资发生两起纠纷
2012 年 5 月 11 日	王平彦涉非法集资被批捕，债务危机爆发，内蒙古煤矿停产
2012 年第四季度	按照计划完成第二次信托净收益分配
2013 年第一季度	完成内蒙古煤矿转让，首批转让款到账
2013 年 12 月 20 日	宣布第三次信托净收益未及预期

时间	关键事件
2014 年 1 月 27 日	中诚信托再次发布公告，称已与有意向的投资者达成一致，并要求投资者与客户经理联系。而这些有意向的投资者则需签出一份《授权委托书》，承诺将持有的该信托产品收益权转让给接盘者，退换本金和支付第三次部分信托净收益 (2.8%)
2014 年 1 月 31 日	信托到期日

1.2 埋下危机

1.2.1 成品成立前的多方周旋

让时光转到 2010 年 7 月，此时振富集团成立。王于锁父子凭借与工商山西省分行多年形成的业务关系，成为工行山西省分行的优质客户，希望向工行山西省分行取得银行大额授信，利用这些资金获得白家峁等优质矿权，并进行资产整合。但振富集团 2010 年末的资产报表显示净资产为 11 亿元，不能达到工行贷款的准入门槛条件。为防止该客户资源流失，工行山西省分行与工行私人银行部协商，通过私人银行部的高净值客户向振富集团提供资金支持，但需要借助信托公司完成投融资双方的对接。于是工行山西省分行向多家信托公司推荐该客户，先后被拒，最后中诚信托考虑到工行大客户在公司业务发展中扮演的重要角色，决定接手该项目。

2010 年下半年的某一天，中诚信托正在召开投资决策委员会（简称投决会），关键议题之一是讨论"诚至金开 1 号"项目的可行性。负责该项目的信托经理率先陈述了振富集团的基本情况，然后对整个交易结构与风险控制措施进行了说明，主要内容如下：

产品中计划设定"五个还款来源（四个煤矿＋一个洗煤厂）"：其中"内蒙古准格尔旗杨家渠煤炭有限责任公司是紫鑫矿业公司于 2010 年投资 7.6 亿元（已付款 5 亿元）从杨文清等人手中收购而来的六证齐全的正常生产矿，正在由原股东配合办理增加储量和扩大到年产 120 万吨能力手续。因该矿尚有 2.6 亿元收购尾款未支付，因此股权没有过户至紫鑫矿业公司，但紫鑫矿业公司已经实际接收该矿，生产经营情况正常；一期资金到位后支付 1.3 亿元收购款后，股权过户手续即可办理，增储扩建手续及二期露天矿田工程预计于 2011 年办理完毕"。吕梁交城神宇煤业有限公司"已取得采矿许可证，预计于 2011 年底完成技改工作"。

吕梁交城黄草沟煤业有限公司"意向收购价款不超过5亿元,目前新地址报告正在审批过程中,预计于2011年12月31日完成技改工作,开工复产"。山西三兴煤焦有限公司(以临县白家峁矿为主矿井)"整合山西治国煤业有限责任公司、山西临县林家坪双圪桶煤矿有限公司、山西临县南沟煤业有限公司三个煤矿,整合后的井田面积扩大到7.8平方千米,产能为120万吨/年,保有储量为8273吨"。作为山西三兴煤焦有限公司核心资产的白家峁煤矿,其井田面积为5平方千米,保有储量6800多万吨,年生产能力90万吨。"王于锁父子已于2010年10月前支付给三兴煤焦公司原股东10亿元股权收购款,因三兴煤焦公司矿井涉及纠纷,在办理股权过户手续过程中,被政府要求支付10亿元补偿款。因涉及股东变更,三兴煤焦公司需重新申领采矿权证,并办理技改相关手续,相关手续预计于2011年上半年办理完毕,煤矿也预计将于2011年上半年开工复产"。柳林县振富煤焦有限公司(洗煤厂)处于第二期工程建设中,投产后洗煤能力为120万吨/年。振富集团整合完成后将形成一个年产达到360万吨,开采煤种涵盖焦煤、动力煤、无烟煤的大型综合煤矿集团。增资完成后,"诚至金开1号"将持有振富集团49%股权,同时王于锁父子持有的另外51%股权也将质押给中诚信托。

经过收益测算,"我们将在该项目上获得1500万元的通道收益,费率为0.5%左右;而工行作为项目提供方、产品代销方、资金托管方将收取财务顾问费、代销费、资金托管费等费用,合计约为1.2亿元,费率为4%"。

在风险控制方面,"我们从股东大会、董事会、经营管理层面、证件保管、回购保证金账户五个方面进行严格监管"。回购保证金账户的资金只有在中诚信托同意的前提下,才可以进行对外支付,并且从产品成立到结束之间的每月25日,振富集团自然人股东以及关联方需要向该资金监管账户中分批存入回购保证金。根据测算,该产品整个存续期间回购保证金监管账户累计存入将达到48亿元左右,因此风险可以得到充分控制。

项目经理陈述完毕,开始进入项目咨询、讨论与论证阶段,经过投决会委员提问、质疑、辩论后,项目经理暂时撤出会场,由投决会讨论并进行最终表决。据知情人士透露:"该项目在中诚信托过会时,9个委员中,4个同意,4个不同意,1人不在场。会议纪要显示,总经理批复称,首席风控官需解决不同意该项目的4个委员所提出的问题,该项目才予以过会。"

作为专管该项目的中诚信托副总经理安奎会后将投决会遇到的难题反馈给工

行山西省分行，分行领导先后三次到中诚信托沟通、做工作，最终经过多方斡旋，项目通过审批，如图1所示。

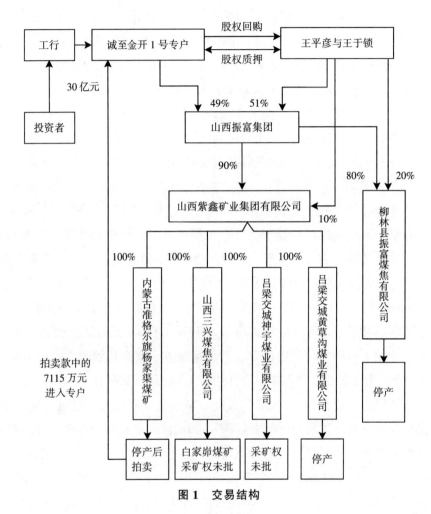

图1 交易结构

1.2.2 信托成立后的暗流涌动

产品成立后，中诚信托如约向振富集团提名三名董事以及向其派驻现场监督员。根据信托合同的约定，"诚至金开1号"定期在中诚信托官方网站公开发布每季度报告。根据2012年1月17日发布的2011年第四季度报告，截至2011年12月31日，振富集团累计使用信托资金25.45亿元，剩余4.85亿元资金仍然存放于监管账户中；保证金监管账户资金余额为6000万元。在2011年底前，已经按照约定进行了信托收益分配和募集利息返还，金额共计2.64亿元。关于煤矿生产经营情况，内蒙古准格尔旗杨家渠煤矿目前生产运营正常；吕梁交城神宇煤业有限公司已于 2011 年 10 月取得开工批复，正在进行井下和地面施工；柳林县振富煤焦有限公司（简称洗煤厂）二期 240 万吨扩建工程正在建设，主体工程已经全部完工，主设备现在正处于安装调试阶段。关于吕梁交城黄草沟煤业有限公司的 5 亿元收购以及白家峁煤矿采矿权手续是否办结、是否开工复产，报告并没有提及。

这份报告还指出："本信托计划自成立至今，未发生信托经理变更的情形，未发生信托资金运用重大变动的情形，未发生涉及诉讼或者损害信托计划财产、受益人利益的情形。"

从该季报来看，至少在 2011 年底的时候，似乎都还正常，但事情也许从那时起就开始掉头转向了。

1.3 危机凸显

1.3.1 起诉王平彦

在煤炭生意如火如荼的同时，王氏父子还一直大手笔介入当地火热的民间借贷，终于在 2012 年第一季度，王平彦投资民间融资引发诉讼。2012 年 5 月 11 日，振富集团副董事长王平彦涉嫌非法吸收公众存款罪，在立案当天即被刑拘，并在此后被山西柳林县警方移送检察机关审查起诉。当地公安机关认定的情形是，王平彦私下以 4~5 分的月息吸收了 31 名债权人的 4.3 亿元资金。"诚至金开 1 号"兑付风险开始浮现在公众面前。王平彦被刑拘后，名下矿厂被迫停产停工，现金流开始枯竭，还款来源重创致使"诚至金开 1 号"本息受到重大威胁。

1.3.2 启动紧急处理机制

王平彦身陷囹圄的同时，中诚信托紧急启动风险化解工作，推动矿厂复工及资产转让变现。但振富集团旗下煤矿以及其他资产均被其他债权人保全或执行。经过各方商议，决定将 100% 股权质押给中诚信托的内蒙古杨家渠煤矿率先进行资产转让。最终股权处置所得价款在扣除采矿权资源价款（以换领振富集团名下交城神宇煤矿长期采矿权证）、柳林县民营实体经济组织民间融资风险化解领导组办公室账户、维持振富能源日常生产运营外，信托专户共收到 7115 万元。

关于振富集团名下的其他煤矿，中诚信托采取措施恢复生产，例如在收到内蒙古杨家渠煤矿部分转让款后，振富集团就缴纳了吕梁交城神宇煤矿资源全部价款，并启动向吕梁市国土局、山西省国土厅申领长期采矿权证的程序。

另外，中诚信托联系工行，组成联合工作组进驻振富集团进行风险处置，彼时在中诚信托主管经办该项目的原副总经理安奎（后调任嘉实基金任董事长）也被要求协助"了解相关事宜"；同时，柳林县政府牵头成立工作小组，维持社会秩序。2012 年 7 月，吕梁市政府发布的《关于振富能源集团融资风险化解情况的报告》称，振富集团在 2011 年 2 月 10 日违规民间融资 34.0754 亿元；2011 年 2 月以后，民间融资又增加了 20.012 亿元。

1.3.3 风险化解陷僵局

虽然各方积极化解信托产品风险，但事与愿违，处理进度异常缓慢。截至 2012 年 12 月 20 日，中诚信托对投资者的答复仍然是，"吕梁交城神宇煤矿采矿证还没有取得；白家峁煤矿整合方案仍未获得吕梁市政府批复，至今未能恢复生产"。身处困境的振富集团自 2012 年第二季度开始停止支付股权回购保证金以及股权维持费（股权维持费，实质是融资方应该支付的融资成本，作为投资者获取信托收益的一部分，融资方按照信托合约在产品存续期内分期按时足额支付，保证产品收益的正常兑付）。按照产品合约规定，中诚信托应该在每年 12 月 31 日前向优先级受益人分配该年度信托净收益，资金来源主要为振富集团的股权红利、处置所持股权所得价款、股权维持费、回购保证金等。

除此之外，从 2012 年第一季度开始至 2013 年第三季度，先后爆发 8 起振富集团因账外民间融资问题引发的诉讼，债权人开始对有关资产进行财产保全与法院冻结，增加了资产处置的难度。

1.4 危在旦夕

1.4.1 荷包缩水

尽管风险处置缓慢，但经过多方努力，中诚信托还是按照合约规定足额支付了 2012 年的信托收益 3.2 亿元。2012 年，投资者在有惊无险中闯过龙年；在 2013 年，投资者喜迎蛇年来到、对第三年预期收益满怀信心时，2013 年 12 月 20 日，中诚信托发布的第三份临时报告无情地击碎了他们的梦想，"'诚至金开 1 号'信托专户内货币形态信托财产余额共计 8634 万元，不能够满足全体优先受益人当期预期信托净收益总额，受托人将根据信托文件的规定按照优先受益人享有的实际收益率向全体优先受益人分配信托净收益"。根据"诚至金开 1 号"合约，对于投资额为 300 万元的投资者，该理财产品每年分别按照 9.5%、10%、10% 的年化收益率分配三次信托利益。目前，第三次信托收益以 8634.26 万元计算，则投资者 2013 年化收益约为 2.8%。2013 年 12 月 28 日，银监会主席助理杨家才在信托业大会上表示，银监会的原则是还权于市场，"属于信托公司自己该管的事情，监管部门不必再管，让公司自我约束"。

2014 年 1 月 15 日，中诚信托发布报告称，由于振富集团及其控制人王于锁、王平彦没有提前支付股权转让价款与按期足额支付股权维持费，同时本信托计划涉及的白家峁煤矿的整合方案也未能够取得政府同意，信托财产在 2014 年 1 月 31 日前变现将存在很大不确定性。2014 年 1 月 16 日的报告继续指出，山西省国土厅对吕梁交城神宇煤矿换领长期采矿权证的申请仍未批复。2014 年 1 月 16 日，工行对外公开否认了"工行负有较大责任"的说法。此刻气氛骤然紧张。

距离"诚至金开 1 号"30 亿元信托计划到期日只有半个月了，但坏消息接二连三，投资者焦虑不安。但在忐忑不安中，投资者也迎来一点久违的喜讯，1 月 22 日，中诚信托再发公告称，吕梁交城神宇煤矿取得了换发的采矿许可证；临县白家峁村召开了村党支部、村委会、全体村民代表大会，形成决议一致同意无条件配合并支持白家峁煤矿审批事宜。

1.4.2 各方较量再现僵局

刚性兑付局势胶着，各方博弈加剧。中诚信托副总经理兼首席风控官汤淑梅认为，该项业务具有通道业务的性质。中诚信托正式承认"诚至金开 1 号"的 30 亿元信托财产无法在 2014 年 1 月 31 日前变现，拟通过法律诉讼渠道向相关主体主张合法权利，以最大限度保证受益人的应得利益。

与此同时，信托计划的合作方工行副行长罗熹、董事长姜建清先后明确表示了"不存在工行承担主要责任"的情况。罗熹副行长明确表示"工行只是托管和代销，不会承担投资损失。但工行的压力也非常大"。1 月 23 日，工行董事长姜建清在冬季达沃斯世界经济论坛上也表达了同样的意思："中国工商银行不会刚性地向投资者提供补偿，我们并不负有那种刚性责任。"

闻知此言，1 月 23 日，上海、广东地区投资者委托了 10 多名代表，就兑付问题与工行展开交涉。上海一名投资者说："我们要求必须在 1 月 31 日兑付期限届满时，按照约定足额兑付，必须是还本付息，少一分都不行。"

身处旋涡中的山西省政府终于按捺不住，1 月 23 日，山西金融办通过官方媒体表态称，山西省政府高度关注"诚至金开 1 号"刚性兑付问题，已经要求相关金融机构采取切实有效的措施化解金融风险。至于如何解决刚性兑付问题，山西金融办三缄其口，只是将市场传言"由山西省政府、工行、中诚信托三方按 2：1：1 的比例兜底兑付"的说法斥为"纯属谣言"，坚持在法律框架内运用市场化的方式解决。

中诚信托关于"信托财产在 2014 年 1 月 31 日前变现还存在不确定性"、工行"不负主要责任"以及地方政府模棱两可的说法，仍然是高悬在投资者头上的达摩克利斯之剑。

1.5 转危为安

"诚至金开 1 号"违约的脚步声重重地敲打在投资者脆弱的心房上。恰恰在投资者不堪重负、举步维艰之际，峰回路转，拨开云雾见天日。

中诚信托 1 月 27 日发布临时公告称，按照"诚至金开 1 号"信托文件有关规定，中诚信托作为受托人以股权投资附加回购的方式运用信托资金对振富集团进行股权投资。目前，中诚信托已经与意向投资者达成一致，请投资者尽快联系客户经理。与此同时，诚至金开 1 号投资者纷纷接到工行通知，要求其在 1 月 28 日去当地工行签署一份授权委托书（核心内容是希望投资人将其所持信托份额对应的受益权进行转让），委托书签署后，投资者本金将在 1 月 29 日到账，而第三期至今未分配的利息将不予兑付。如果投资者不同意解决方案，那么就自动认定投资者还需要持有振富集团股权，未来可能会获得预期的全部本金，也可能本金兑付无法得到保障。换句话说，投资者面临两种选择：一是投资者总共将得到"本金 +2011 年 9.5% 的收益 +2012 年 10% 的收益 +2013 年 2.8% 的收益"，如投资者签字同意，本金将于 2014 年 1 月 31 日前到账；如投资者不同意以上解决方案，本金与剩余收益支付将不可确定。

从 2012 年 5 月 11 日危机发生至今，投资者经受了 600 多天的煎熬后，心力交瘁，大部分人牺牲了第三次部分收益，选择了本金安全收回的第一种方案。至此，备受国内外关注的中国信托业刚性兑付一号大案以预期信托净收益小部分违约的"刚性兑付"的形式告终，兑付危机最终化险为夷。

1.6 危机消失了

根据中诚信托与工行的极其有限披露，神秘救助者兜底"诚至金开 1 号"。由于紧急救助的详细计划并未向社会公开，因此这次危机处理方式得到国内外投资者与分析师的广泛批评。吕梁市某金融机构负责人自 2012 年 5 月 11 日王平彦被抓之日起就参与处置振富集团风险化解工作，他认为尽管中诚信托在最后时刻找到"接盘侠"，有惊无险，但其本人并不看好后续的"资产盘活"，"振富集团资产实在太差"。"接盘侠"究竟是谁？其资金从何而来？救助者如何在未来化解振富集团不良资产？这些问题仍旧是一个巨大的隐患，兑付危机只是从投资者身上转移到接盘者手中，从眼前转移到未来，又有谁知道这个危险是否将引发一场更大的危机呢？

马年奔腾梦飞扬，2014 年是投资者的追梦之年吗？

2 思考题

（1）按照权证的市场竞争理论与信息不对称理论，分析中诚信托"诚至金开 1 号"刚性兑付的利弊。

（2）为什么中诚信托公司最终选择本金刚性兑付、收益部分违约的折中解决方案？该方案背后的理论依据是什么？

（3）如果你是该产品的投资者，你接受中诚信托公司的最终解决方案吗？

（4）本案例的银信合作业务是否属于通道业务？如何划分中诚信托与工商银行责任？

（5）你认为如何打破刚性兑付？应该做好哪些前期工作？

3 案例使用说明

3.1 教学目标

（1）本案例主要适用于本科生金融市场学案例分析课程，也适用于金融风险管理、商业银行经营管理等课程。在金融市场学案例分析课程中，可以以专门案例讨论课的形式进行，其他课程可以根据教学内容的需要选择其中的某个主题开展课堂分析和讨论。

（2）本案例的教学目的主要有以下三个：

第一，通过对信托公司推出的集合资金信托计划生命周期的分析，使学生了解与掌握信托产品刚性兑付的利弊。

第二，通过分析工商银行的经营行为，认识银行在银信合作业务中所扮演的关键角色及其发挥的重要作用。

第三，通过分析信托产品的方案设计，了解信托产品从发起、设立到终结的整套运作流程，分析银信合作业务的可行性，掌握银信合作业务风险点以及风险处置程序。

3.2 案例涉及的知识点

本案例所用到的相关理论主要有市场竞争理论、信息不对称理论、集合资金信托计划原理、银行监管理论、分业经营理论、资产定价理论。

3.2.1 市场竞争理论与信息不对称理论

市场竞争类型包括完全竞争、垄断竞争、寡头垄断、完全垄断，其经济效率由高到低。在一个金融产品竞争市场中，应允许金融产品生产者按照优胜劣汰生存法则自由进入与退出市场，保证市场的活力，实现金融产品消费者福利最大化。

信息不对称是指在交易过程中，交易一方拥有的信息较另一方少而产生的决策失误，最终威胁到整个市场正常运转。根据问题发生的时间不同，信息不对称产生了逆向选择与道德风险问题。逆向选择发生是由交易之前的信息不对称引起的；道德风险则是在交易之后产生的。信息不对称将影响到经济行为与市场效率。

3.2.2 集合资金信托计划原理与法律规定

（1）集合资金信托计划定义：由信托公司担任受托人，按照委托人意愿，为受益人的利益，将两个以上（含两个）委托人交付的资金进行集中管理、运用或处分的资金信托业务活动。简单说，就是"受人之托，代人理财"。

（2）集合资金信托计划特点：①出于对信托公司的信任，委托人将资金委托给信托公司管理，信托公司按照信托合同的约定以自己的名义管理、运用资金，并由委托人指定的受益人承担资金运用结果，即项目一旦成功，受益人获得收益；如果失败，损失由受益人承担。在信托公司勤勉尽职的条件下，信托公司收取固定的手续费与佣金，不承担损失与赔偿责任。②资金信托业务禁止受托人对委托人做出保证本金、保证最低收益等类似承诺。③因此集合资金信托以货币资金作为标的物，各方以此建立资金信托关系，信托财产具有双重所有权。④集合资金信托计划投资股权类项目金额大、时间长、风险较高、收益较高。⑤集合资金信托从形式上看是一种整合资源的金融投资工具，但接受委托人的委托，实现委托人的利益才是其真正本质。

（3）集合资金信托计划与存款的差异：存款是银行的负债，银行对存款产品具有刚性兑付的义务；集合资金信托计划在我国任何信托监管法律文件中都没有刚性兑付的义务。

（4）集合资金信托计划类型：按照接受委托的方式，集合资金信托业务可分为两种：第一种是以社会公众或者社会不特定人群作为委托人，以购买标准的、可流通的、证券化的合同作为委托方式，由受托人集合管理信托资金的业务；第二种是以具有风险识别能力、能自我保护并有一定风险承受能力的特定人群或机构作为委托人，以签订信托合同的方式作为委托方式，由受托人集合管理信托资金的业务。按照信托资金的投资领域，集合资金信托业务可分为证券投资信托、房地产投资信托、基础建设投资信托、贷款信托、矿业权投资信托等。按照来源划分，信托资产可分为单一资金信托、集合资金信托。单一资金信托只有一个委托人，例如银行；而集合资金信托的委托人多于一个。如图2、图3所示。

（5）集合资金信托计划法律规定。从法律角度讲，如果信托计划未能按照契约约定如期兑付，在受托尽责前提下风险应该由投资者承担。根据银监会颁布的《信托公司集合资金信托计划管理办法》第十四条，"信托公司依据本信托合同

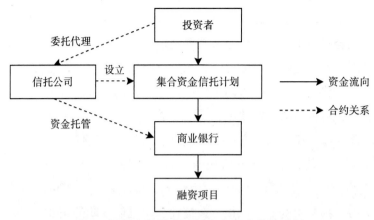

图 2 银信合作模式下的集合资金信托计划

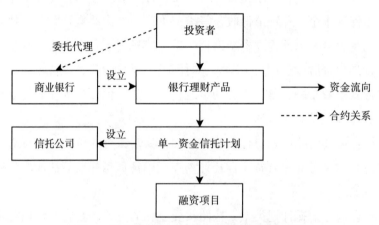

图 3 银信合作模式下的单一资金信托计划

约定管理信托财产所产生的风险，由信托财产承担。信托公司因违背本信托合同、处理信托事务不当而造成信托财产损失的，由信托公司以固有财产赔偿"。

《信托公司管理办法》第三十四条第三款规定，信托公司开展信托业务不得"承诺信托财产不受损失或者保证最低收益"；《信托公司集合资金信托计划管理办法》第八条规定，信托公司推介信托计划时，"不得以任何方式承诺信托资金不受损失，或者以任何方式承诺信托资金的最低收益"。

按照《信托公司集合资金信托计划管理办法》第六条规定，集合资金信托计划的委托人的准入门槛较高，应具有风险识别与承受能力，表现在：

（1）投资一个信托计划的最低金额不少于 100 万元的自然人、法人或者依法成立的其他组织。

（2）个人或家庭金融资产总计在其认购时超过 100 万元，且能提供相关财产证明的自然人。

（3）个人收入在最近三年内每年超过 20 万元或者夫妻双方合计收入在最近三年内每年超过 30 万元，且能提供相关收入证明的自然人。

3.2.3 银行监管理论、分业经营理论、资产定价理论

（1）银行监管理论。为了防止银行经营过度冒险，银行监管当局通常有三种手段：一是对持有信贷资产的限制，即采取限制银行发放高风险贷款项目贷款以及降低贷款集中度等措施达到银行资产多元化的目的；二是鼓励银行持有充足的资本金，要求达到最低资本充足率，即银行持有的合格资本占其风险加权总资产比例至少为 8%；三是贷款规模的限制，即央行对银行贷款规模实行每月、每季、每年的信贷指标控制，同时银监会要求存贷比率不能突破 75% 的红线。

（2）混业经营与分业经营理论。混业经营指允许商业银行等金融机构同时开展银行、证券、保险、信托、基金等多个市场业务；分业经营指各家金融机构只能在各自领域开展单一金融市场业务，不允许跨市场运行。根据美国、德国等发达国家业务经营经验，混业经营比分业经营更有竞争效率，能更好发挥协调效应。目前，我国商业银行经营时间短、监管力量薄弱，为了防止风险在业务中的传递，我国实行了严格的分业经营制度。

（3）银行表外业务与表内业务。从财务角度分类，银行业务可以分为表内业务和表外业务。表内业务是指在银行资产负债表上反映的业务，例如银行传统的存贷款业务。表外业务是指不在银行资产负债表上反映的业务，包括金融服务类业务与或有债权（债务）业务。金融服务类业务是指银行利用代理人的身份为客户办理的各种业务，主要目的是为了获取手续费收入，例如信托咨询与服务、代理类中间业务、支付结算类业务、银行卡业务、基金托管类业务。

（4）资产定价理论。主要内容是资产收益率等于无风险资产收益率与风险资产收益率之和，某种资产期望收益率与风险之间的关系可以比较准确地用以下公式表示：

某种资产的期望收益率＝无风险利率＋（市场组合的期望收益率－无风险利率）×资产的贝塔系数，即：

$$E(R_i)=R_f+(R_M-R_f)\beta_i$$

3.3 案例分析思路

教师可以根据自己的教学目标灵活使用本案例。本案例的分析思路仅供参考。

3.3.1 信托产品刚性兑付，既有利也有弊

促进中国信托业初期增长；有利于信托公司平稳增长；增加了金融体系的整体风险；扭曲信托市场运行机制；引发振富集团与中诚信托的道德风险；无法建立信托行业的正常进入与退出机制，导致有业务资源、产品创新设计和风险管理能力的优质信托公司不能脱颖而出。

3.3.2 中诚信托选择了本金刚性兑付、收益部分违约的折中解决方案

《信托法》第二十五条第二款规定："受托人管理信托财产，必须恪守职责，履行诚实、信用、谨慎、有效管理的义务。"中诚信托作为"诚至金开 1 号"产品的发行方并未完全履行职责，作为其担保物的煤矿在信托发售前没有获得采矿证，本质上不具备担保物的资格。

在经济下行趋势下，融资方的经营状况以及有关项目正常运转的压力逐渐增加，风险不断积聚，中诚信托公司在维持多年来积累市场声誉前提下，兼顾自身的盈利，提出了收益部分违约。事实上，第三期预期收益无法实现，对中诚信托的产品发行量、业务收入都已经产生了负面影响。与中诚信托管理信托资产为3572 亿元（截至 2013 年末）相比，本产品 30 亿元规模较低，为了防止其他投资人对中诚信托其他正在运行的产品产生疑问，中诚信托选择了刚性兑付。

3.3.3 "诚至金开 1 号"存在风险漏洞

"诚至金开 1 号"存在以下问题：资金监管不到位、产品设计存在缺陷、对振富集团经营缺少监管、中诚信托项目经理尽职调查存在严重瑕疵等。

3.3.4 判断"诚至金开 1 号"是否属于通道业务

就法理而言，"诚至金开 1 号"的合约明确规定，中诚信托作为受托方以股权投资附加回购的方式运用信托资金对振富集团进行股权投资；工行是信托计划代销方与资金托管方，因此工行没有兜底义务。但抽丝剥茧，我们可以看到该产品是典型的银行通道业务。首先，我们来分析"诚至金开 1 号"诞生的背景。2009 年与 2010 年，银监会针对银信合作时采取签署抽屉协议、提供回购担保等绕过监管的不合规业务模式，提出整改意见，即通道业务或转回表内或者计入信托净资本，增加风险控制。在此情况下，银行合作转为隐蔽方式，即大型银行利

用在通道业务中的强势方地位，不再提供任何纸质形式的承诺，只是在业务联系中进行口头承诺。其次，该项目从酝酿到正式成立，一直都是由工行主导发起与资金安排：工行山西省分行推荐振富集团进行融资；工行私人银行部推荐高净值客户提供资金，同时代理信托资金收付保管以及监督信托资金使用。最后，工行与中诚信托的收益分配计划显示工行获得4%的手续费、佣金、顾问费等收入，而中诚信托仅获得0.5%的手续费收入，因此从利润分配模式看属于通道业务。按照风险与收益的关系分析，工行事实上将理财打包成信托计划，以股权投资者身份进入振富集团；其实除了手续费等表外业务收入，工行还会获得大量同业存款。综合上述分析，该信托业务属于假股真债性质的银行通道业务。

中诚信托"诚至金开1号"兑付危机刚刚解决，余响仍在，计划于2014年7月25日到期的中诚信托旗下的"2011年中诚·诚至金开2号集合信托计划"（简称"诚至金开2号"）宣布延期兑付，并称"力争在15个月内完成信托财产的处置变现工作"。由于该产品的营业执照等证件未齐全，因此第三方接盘的难度较大。中诚信托2015年12月23日最新发布的《诚至金开2号集合信托计划临时报告（八）》显示："在信托计划延期期间，受托人及相关方一方面积极推进新北方公司下属煤矿的整合进程和相关手续的办理；另一方面积极寻找战略投资者，以最大程度维护受益人利益。相关工作已经取得重大积极进展。"但截至2016年4月30日，仍然没有任何进展。

"诚至金开2号"跟"诚至金开1号"很相似，首先融资方都是位于山西省的民营矿产企业，并且融资之前两个企业都存在采矿权高估、经营手续不全等问题；产品表现形式仍然是集合资金信托计划，以股权投资附加回购的方式，运用信托资金进行股权投资；由工行山西省分行担任托管行，工行私人银行部发行。

如果说"诚至金开1号"以利息部分损失的方式撬动了刚性兑付的外壳，那么这次"诚至金开2号"采取的本金延期兑付则进一步扩大了刚性兑付的裂缝，甚至有可能彻底打破刚性兑付。

3.5 案例要点

（1）我国金融市场的银信通道业务非常盛行。在我国金融市场上，银信通道业务非常普遍，其原因主要在两个方面：第一，银行规避资本充足率、信贷规模等监管指标，进行表外融资，提供表外贷款，将利息收入转化为中间业务收入；

第二，信托公司不用寻找资金、客户、项目，仅仅利用金融业务全牌照的优势，通过出借牌照收取通道费就可获取大量利润。

（2）我国信托业还存在刚性兑付特征。我国信托业还存在刚性兑付特征，原因是除了信托公司考虑自身的信誉与未来业务发展需求外，还要考虑到政府部门的维稳要求。虽然银监会没有信托计划刚性兑付的要求，但事实上考虑到信托业以往数次违规情况，银监会对信托业监管相对严格，多次告诫信托公司在选择项目时要审慎和兑付，并提出类似"如果发现风险将暂停信托公司开展业务资格"的警示，这些告诫逐渐被信托公司理解为信托产品必须要刚性兑付，否则信托公司将停办信托业务。在监管当局隐含压力下，中诚信托选择了本金刚性兑付。

3.6 建议课堂计划

本案例可以作为专门的案例讨论课进行，以下是按照时间进度提供的课堂计划建议，仅供参考。

整个案例课的课堂时间控制在 60 分钟。

课前计划：提前发放案例资料，提出启发思考题，请学生在课前完成阅读和初步思考。

课中计划：简要的课堂前言，明确主题　　（5 分钟）

有关案例相关知识答疑　　（5 分钟）

分组讨论，告知发言要求　　（15 分钟）

小组发言　　　　　　　　（每组 5 分钟，控制在 25 分钟）

引导全班进一步讨论，并进行归纳总结　（10 分钟）

课后计划：请学生上网搜索中诚信托"诚至金开 1 号"的相关信息资料，选定某一个问题作为切入点，运用相关理论与法规对本信托产品刚性兑付进行分析评价，完成案例分析报告（1000~1500 字）。

中航油（新加坡）公司石油期权交易巨亏事件

卢玉志

摘 要：中航油（新加坡）公司自 2002 年开始做油品套期保值业务，但在 2002~2004 年公司总裁陈久霖擅自扩大业务范围，从事石油期权交易并且采用多种手段掩盖其交易事实。陈久霖不顾公司规定，经常绕开交易员自己直接操盘。他在过于自信的判断下逆市操作，并且没有建立对冲头寸，在亏损初露端倪时仍然不顾公司的资金安全一再追加保证金，最终酿成 5 亿多美元的巨额亏损。

关键词：中航油；石油衍生品期权；对冲

0 引 言

中航油（新加坡）公司，全称为中国航油（新加坡）股份有限公司，成立于 1993 年。公司成立之初经营十分困难，一度濒临破产，而后在总裁陈久霖的带领下，一举扭亏为盈，从单一的进口航油采购业务逐步扩展到国际石油贸易业务。短短几年间，其净资产由 1997 年的 16.8 万美元猛增至 2003 年的 1.28 亿美元，净资产增长了 700 多倍，公司于 2001 年 12 月 6 日在新加坡交易所主板挂牌上市，成为中国首家利用海外自有资产在国外上市的中资企业。经国家有关部门批准，中航油（新加坡）公司在取得母公司——中国航空油料集团公司授权后自 2003 年开始做油品套期保值业务，希望中航油利用衍生工具的保值和锁定价格的功能，降低其在国际市场中进行石油交易的价格风险。

中航油（新加坡）公司总裁陈久霖毕业于北京大学，毕业后首先在国家民航管理局局长办公室任翻译，后又出任中德合资的北京飞机维修工程公司外国专家助理。1993 年，加盟中国航空油料集团公司。1997 年亚洲金融危机期间，被母公司派往新加坡接管当地的子公司——中航油（新加坡）公司。在他接手之后，公司业绩迅速有了起色，并很快垄断了中国国内航空油品市场的采购权。

陈久霖领导的中航油（新加坡）公司因出色的业绩而获得多项荣誉，包括被连续两次评为新加坡"最具透明度"的上市公司，公司发展过程被编为案例收入新加坡国立大学的 MBA 课程，同时也曾被《求是》杂志作为正面案例探讨中国国有企业的发展方向。陈久霖个人被《世界经济论坛》评选为"亚洲经济新领袖"，其以 490 万新加坡元的高年薪被称作是新加坡的"打工皇帝"。

1 正 文

1.1 事件经过

2002 年 3 月，中航油（新加坡）公司总裁陈久霖擅自扩大业务范围，开始从事石油期权交易。因对期权交易毫无经验，公司最初只从事背对背期权交易，即只扮演代理商的角色为买家卖家服务，从中赚取佣金，没有太大风险。自 2003 年始，中航油（新加坡）公司开始进行风险更大的投机性的期权交易，而此业务仅由公司的两位外籍交易员进行。在 2003 年第三季度前，由于中航油（新加坡）公司对国际石油市场价格判断与走势一致，公司获得了一定利润，于是一场更大的冒险也掀开了序幕。

2003 年第四季度，中航油（新加坡）公司错误地判断了油价走势，调整了交易策略，卖出了看涨买入期权（买权）并买入了看跌卖出期权（卖权），油价攀升导致公司出现 120 万美元的账面亏损。

2004 年第一季度，因油价持续升高，中航油（新加坡）公司决定延期交割合同，期望油价能回跌，同时增加了交易量。中航油（新加坡）公司公布的公告中 2004 年第一财政季度税前利润为 1900 万新加坡元，但它实际上已经亏损了

580 万美元。

2004 年第二季度，随着油价持续升高，中航油（新加坡）公司的账面亏损额增加到 3000 万美元左右。公司因而决定继续延后到 2005 年和 2006 年再交割；交易量再次增加。

2004 年 10 月，油价再创新高，中航油（新加坡）公司此时的交易盘口达 5200 万桶石油，账面亏损再度大增。10 月 10 日，面对严重资金周转问题，中航油（新加坡）公司首次向母公司呈报交易和账面亏损。为了补加交易商追加的保证金，中航油（新加坡）公司已耗尽近 2600 万美元的营运资本、1.2 亿美元银团贷款和 6800 万元应收账款资金。账面亏损高达 1.8 亿美元，另外已支付 8000 万美元的额外保证金；10 月 20 日，母公司提前配售 15%的股票，将所得的 1.08 亿美元资金贷款给中航油（新加坡）公司。由于石油价格达到了历史新高的每桶 55 美元，中航油（新加坡）公司面对大量无法满足的保证金要求而遭逼仓，从 2004 年 10 月 26 日起，被迫关闭的仓位累计损失已达 3.94 亿美元，正在关闭的剩余仓位预计损失 1.6 亿美元，账面实际损失和潜在损失总计约 5.54 亿美元。陈久霖蓄意隐瞒亏损事实，在 10 月公布的公司第三季度报告中称公司依然盈利，误导投资者。

2004 年 11 月，中航油（新加坡）公司巨额亏损被揭露。

2004 年 12 月 1 日，在亏损 5.54 亿美元后，中航油（新加坡）公司宣布向法庭申请破产保护。在新加坡，陈久霖事件被认为是自 1994 年巴林银行破产案以来最为严重的一次金融事件。

1.2 事件影响

案发后，母公司中航油集团公司责令中航油（新加坡）公司立即停止投机性石油衍生品贸易。锁定、关闭全部期权盘位，根据资金状况和油价走势适时斩仓，尽可能减少损失；集团公司紧急下发通知，要求中航油（新加坡）公司在危机处理过程中严格规范资金使用和重大事项的处理，包括对外披露信息的审批程序。

中航油集团向中航油（新加坡）公司提供了 1 亿美元紧急贷款，并就中航油（新加坡）公司重组事宜与淡马锡进行了接触。2005 年上半年，提出债务重组计划并于 5 月 24 日对计划进行了修改。6 月 8 日，新重组计划在债权人大会上获高票通过，中航油（新加坡）公司终于免遭清盘命运。

此事件之后，中航油（新加坡）公司将战略投资者的人选转向了海外企业，其与包括淡马锡、BP 在内的多家战略投资者进行了会谈，在商洽股权方案、投资金额等商业条款的同时，还充分考虑了新投资者的国际声誉、实力以及未来潜在合作空间和对公司未来发展所做贡献等因素。经过近 4 个月的竞标与谈判，最终与 BP 等达成合作协定。

1.3　评析

第一，中航油（新加坡）公司的期货损失原因主要是对风险管理的处理不当，特别是在市场风险管理方面，没有充分利用对冲交易来规避风险。在卖出看涨期权之后，没有预见到可能由此带来的巨额损失，进行对冲操作，而是在石油价格居高不下的情况下，坐等购买人行使自己的权利，这样一来，中航油（新加坡）公司不仅损失了保证金，而且必须为购买人行使权利支付价款。

第二，在期货交易上，中航油（新加坡）公司做了国家明令禁止不许做的事，参与场外交易，大量持有没有对冲的期货，并且超过了现货交易总量。

第三，中航油事件将严重打击未来一个阶段内国际市场对于中资股的信心，中资股信用危机可能由此产生。另外，这一事件将对中国内地企业海外上市造成不良影响，海外机构对中国内地企业挂牌多持观望态度。

第四，这一事件也严重影响到了中航油集团公司自身的发展，据悉其关于投资阿拉伯联合酋长国国家石油 20%股权，以及收购英国富地石油在中国华南航空油料公司股权的计划，都已经暂缓或者搁置。

1.4　教训总结

1.4.1　公司内部不合理的治理结构

1.4.1.1　领导人个人权力过大

陈久霖身为中航油（新加坡）公司执行董事，又兼任总裁，同时还是母公司的副总，权力过分集中。加上辉煌业绩的衬托，陈久霖可以在公司内部一意孤行。他手下有 10 名交易员，这些交易员都有亏损限额，在亏损达到一定程度后会立即终止交易防止亏损扩大。但陈久霖不顾公司规定，经常绕开交易员自己直接操盘。他在过于自信的判断下逆市操作，并且没有建立对冲头寸，在亏损初露端倪时仍然可以不顾公司的资金安全一再追加保证金，终于酿成巨亏。在新加坡公司有风险委员会，它制定的风险管理手册明确规定，损失超过 500 万美元，必须报告董事会，但陈久霖从来不报；中航油（新加坡）公司有一个由专职风险管理主任和风险控制专家组成的队伍，并制定了事前、事中和事后的一整套交易对策，但这一机制对陈久霖无法起到应有的作用；陈久霖一直独立于中国航油集团公司领导班子（陈久霖系该集团公司副总经理）的领导之外，集团公司派出的财务经理两次被换，集团公司也没有约束他的办法。原拟任财务经理派到后，被陈久霖以外语不好为由，调任旅游公司经理；第二任财务经理被安排为公司总裁助理。陈久霖不用集团公司派出的财务经理，而从新加坡雇了当地人担任财务经理，并且只听他一个人的。中航油集团的党委书记在新加坡两年多，一直不知道陈久霖从事场外期货投机交易。

在国有企业法人治理结构不够健全的条件下，陈久霖漠视体制内的监管，同时也对市场的趋势表现出盲目的自信。在此事件中，陈久霖无视法律法规公然进行衍生产品的投机交易，而且还违规做场外交易，并且交易额远远超出了现货交易总量，最终导致了中航油（新加坡）公司的巨额亏损。

1.4.1.2 中航油的风险评估和控制团队都形同虚设

为满足国内大型企业正常经营的需要，有效防范风险，有关部门在 2001 年发布了《国有企业境外期货套期保值业务管理办法》，对从事高风险交易进行了严厉甚至苛刻的规定，基本上将业务限定在套期保值的范围。同时还要求获得经营资格的企业建立严格有效的内部管理和风险控制制度。据悉，中远、建行等国企在新加坡的分支机构均建立了相关的内控机制。比如，中远的投资总裁的资金权限仅有 500 万美元，而建行新加坡分行衍生品交易损失一旦达到 100 万美元就要强行止损。

中航油（新加坡）公司是经政府批准 2003 年开始做油品套期保值业务的，之后擅自扩大了业务范围，从事石油衍生品期权交易。相比较套期保值业务，衍生品期权交易风险极大，且不易控制。不论是公司内部，还是中航油集团，在企业监管和风险管理上都暴露出巨大漏洞。根据中航油（新加坡）公司内部规定，损失 20 万美元以上的交易，要提交公司风险管理委员会评估；累计损失超过 35 万美元的交易，必须得到总裁同意才能继续；任何将导致 50 万美元以上损失的交易，将自动平仓。在实际操作中，如果交易人员没有优秀的心理和人格素质，没有严格纪律约束，从事衍生工具交易的国有企业，无异于拿国有资产进行赌博。损失多达5亿多美元，中航油（新加坡）公司才向集团报告，而且公司总裁陈久霖同时也是中航油集团的副总经理，中航油（新加坡）公司经过批准的套期保值业务是中航油集团向其授权的，中航油集团事先没有发现问题，并建立相应的管控机制足以说明问题。

1.4.2 外部监管失效

1.4.2.1 两重外部监管体系不约而同失灵

按道理说，作为一个中国国有企业在新加坡的上市公司，中航油（新加坡）公司除面对中国国资委和证监会的监管以外，还要面对新加坡当地法律对上市公司的监管制约。可是这两重的外部监管体系却不约而同地失灵了。中航油（新加坡）公司进行投机操作"卖出看涨期权"，理论上收益是固定的，但风险是无限大的，并且未作任何对冲操作规避风险。这一投机行为无成本，因此可以绕过国内对国有企业境外期货投资严格的监管体系。造成中航油巨亏的大部分交易是在场外市场进行的，这明显违反了《期货交易管理暂行条例》的有关规定。从中航油（新加坡）公司所进行的交易数额来看，它早就越过了只能从事套期保值交易的雷池，纯属投机行为。

直到2004年10月10日，中航油（新加坡）公司不得不向集团开口的时候，它此前所从事的巨额赔本交易都从未公开向投资者披露过，就在2004年6月中航油的财务报表上我们看到的还是一组非常漂亮的数字。在这样的行事方式下，投资者对上市公司的监管也完全失去了意义。很多分析者都认为，这场惊天巨赌最终以惨败告终，缘于内部以及外部两个层面风险控制体系的彻底崩溃，千里之堤往往毁于蚁穴，时至今日我们仍很难知晓堤坝的第一条裂缝是如何悄无声息出现的，滔滔洪水已来到面前。

1.4.2.2 国际金融监管合作有待加强

金融衍生品在一定意义上本来就是规避监管的产物。此次事件中，中航油（新加坡）公司在逐日盯市交易中的损失不断增加时，追缴保证金的要求越来越高，但此时若从国内筹集资金来弥补保证金要求，却受限于国家外汇管理局的严格管制，即便最终批准，也是远水解不了近渴。为逃避外汇管制，公司通过在国际市场上出售15%的股权来筹集资金1.08亿美元，以此补充不断减少的保证金。倘若中国和新加坡两国金融监管部门密切合作，在事发之时就遏制中航油这一

"孤注一掷之举"，也可以将损失控制在最低范围之内。

2　思考题

（1）期权交易的双方权利和义务是如何规定的？

（2）中航油是如何在期权交易中进行操作并导致巨额损失的？

（3）如何解决国有企业内部治理结构不合理的问题？

（4）是否应停止国企的油品期权乃至所有期权交易？

3　附　录

（1）看涨买进期权的买方有权在未来一段时间内或未来某一特定日期，以确定的价格购买相关资产。

（2）看跌卖出期权的卖方有权在未来一段时间内或未来某一特定日期，以确定的价格出售相关资产。

4　案例使用说明

4.1　教学目标

通过本案例的学习，让学生掌握观察和分析金融问题的正确方法，培养和提高学生辨析金融理论和解决金融实际问题的能力。

4.2 案例涉及的知识点

套期保值；看涨买进期权、看跌卖出期权。

4.3 案例分析思路

本案例首先叙述中航油事件的经过，然后分析中航油事件产生的影响以及对中航油事件进行评析，最后总结中航油事件的教训。

4.4 背景信息

中航油（新加坡）公司自 2002 年开始做油品套期保值业务，但在 2002~2004 年公司总裁陈久霖擅自扩大业务范围，从事石油期权交易并且采用多种手段掩盖其交易事实。陈久霖不顾公司规定，经常绕开交易员自己直接操盘。他在过于自信的判断下逆市操作，并且没有建立对冲头寸，最终酿成 5 亿多美元的巨额亏损。

4.5 案例要点

（1）中航油进行石油期权交易的经过；
（2）中航油进行石油期权交易亏损的原因。

4.6 课堂计划

首先，由教师叙述案例；其次，学生研读案例；再次，学生讨论并回答问题；最后，教师点评、讲解。学生回答问题过程中师生之间可以有问有答，相互交流，启发学生思考。